AF552271

Anselm Grün, Hsin-Ju Wu

Selbstbestimmt im Alter

Anselm Grün
Hsin-Ju Wu

Selbstbestimmt im Alter

EIN PRAXISBUCH

Vier-Türme-Verlag

Inhalt

Geleitwort 7

Einleitung 9

1. Würde und Selbstwertgefühl 17

2. Selbstannahme 27

3. Loslassen 37

4. Emotionen 45

5. Glauben 57

6. Tugenden 65

7. Umgang mit Geld und Dingen 79

8. Beziehungen 89

9. Krankheit, Trauer und Sterben 101

10. Was heißt Segen, und wie kann ich zum Segen werden? 115

11. Spirituell mit Depression umgehen 125

12. Spirituell mit Demenz umgehen 137

Rituale für das Kirchenjahr und andere Feste 145

Zum Schluss 157

Literaturverzeichnis 159

Geleitwort

Der Caritasverband für die Diözese Würzburg unterstützt gerne das vorliegende bemerkenswerte Buchprojekt »Selbstbestimmt im Alter«. Über die Abtei Münsterschwarzach und Pater Anselm Grün OSB, mit denen wir als Caritas in Unterfranken eng zusammenarbeiten, kam der Kontakt zu Frau Wu zustande.

Im Nachgang zu einer persönlichen Begegnung im Würzburger Caritashaus besuchte sie mit Vertretern der Diakonie der anglikanischen Kirche von Hongkong und Macau im Sommer 2018 einige unserer sozialen Einrichtungen in der Altenhilfe wie auch in der Kinder- und Jugendhilfe. Der fachliche Austausch war auch für uns von Gewinn!

Aus dieser Initiative ist bei Frau Wu die Idee zu den beiden Büchern entstanden, deren Entstehung der Caritasverband der Diözese Würzburg mit seiner Fachkompetenz begleitete. Hierfür sagen wir insbesondere unseren Expertinnen in der Altenhilfe, Frau Sonja Schwab und Frau Silke Birklein, ein herzliches Danke. Somit liegt nun eine wertvolle Anregung für den Dienst an älteren Menschen vor, der auch in unserem Kulturkreis eine Unterstützung und Hilfe für Betreuerinnen und Betreuer sowie die Familienangehörigen ist.

Über das fachliche Interesse und den Austausch über Grenzen und Kontinente hinweg ist es dem Caritasverband der Diözese Würzburg ein Anliegen, der humanitären Arbeit der Christen in Taiwan damit ein Zeichen der Wertschätzung zu setzen und ihnen durch diese Verbindung den Rücken zu stärken in ihrer Sorge um die politische Eigenständigkeit.

Würzburg, am 8. Juli 2022,
dem Fest des hl. Kilian

Clemens Bieber

Domkapitular
Vorsitzender des
Caritasverbandes

Barbara Stamm

Landtagspräsidentin a. D.
Ehrenvorsitzende

Einleitung

Alt zu werden ist nicht einfach – weder für einen selbst noch für die Menschen im eigenen Umfeld, die auf die eine oder andere Weise damit konfrontiert und oft auch mit betroffen sind. Sich selbst und anderen einzugestehen, dass man manche Dinge nicht mehr kann oder auch nicht mehr will, dass vieles langsamer geht als noch vor ein paar Jahren, dass das Gedächtnis nicht mehr so zuverlässig funktioniert und oft auch der Körper, ist schwieriger, als man sich das in jüngeren Jahren hat vorstellen können.

Wie so vieles andere, hat aber auch das Alter zwei Seiten bzw. kommt es immer darauf an, wie man es betrachtet, ob das Glas also sprichwörtlich halb voll oder halb leer ist. Denn im Alter gibt es auch viel zu gewinnen. Und noch so vieles, auch Neues, das möglich ist und bei dem man bis ins hohe Alter selbstbestimmt bleiben kann.

Damit das aber gelingt, braucht es Hilfen. Wir – Pater Anselm Grün und Hsin-Ju Wu – sind davon überzeugt, dass die Spiritualität eine solche wichtige Hilfe ist, damit Menschen auch im Alter selbstbestimmt leben können. Die Spiritualität zeigt uns unsere Würde und hilft uns, unser Selbstwertgefühl (wieder) zu entdecken. Der Glaube vermittelt uns, dass wir eine unantastbare Würde haben, dass wir eine Würde von Gott haben. Die Spiritualität hilft uns zugleich, unsere Beschränkungen im Alter zu überwinden. Sie lädt uns dazu ein, uns mit unserer Vergangenheit auszusöhnen und sie in unser Leben zu integrieren. Sie zeigt uns Wege auf, wie wir uns im Alter selbst verwirklichen, wie wir unsere einzigartige und wahre Gestalt authentisch leben können.

Das Ziel von Spiritualität im Alter ist, dass wir selbstbestimmt leben, dass wir uns nicht von außen bestimmen lassen, sondern aus unserem Inneren heraus unser Leben selbst gestalten. Denn jeder von uns ist ein einmaliges Bild Gottes. Es geht nicht darum, die Erwartungen anderer zu erfüllen, sondern dieses einmalige Bild in dieser Welt sichtbar werden zu lassen und es im Leben zu verwirklichen. Wenn wir unser wahres Selbst entdecken, werden wir frei von dem Druck, uns ständig darstellen oder beweisen zu müssen. Wir haben auch nicht mehr das Gefühl, uns wegen unseres Alters rechtfertigen zu müssen. Wir leben unsere Würde.

Selbstbestimmung bedeutet für uns als Autorin und Autor dieses Buches zudem: Ich kann selbst entscheiden, was für mich stimmig ist, was ich gerne tun möchte, aber auch, wie ich mich von anderen Menschen behandeln lassen möchte, wie ich mit anderen umgehen und wie ich gepflegt werden möchte. Und zur Selbstbestimmung gehört ebenfalls, dass ich meinen ganz persönlichen

Glauben lebe. Wir haben dabei sieben Lebens- und Persönlichkeitsbereiche ausgemacht, in denen Selbstbestimmung eine große Rolle spielt und in denen es uns wichtig erscheint, das Thema aktiv zu überdenken und auch praktisch anzugehen:

- Selbstwert
- Körperpflege und medizinische Versorgung
- Emotionen und der Umgang mit Gefühlen
- Spiritualität und Glaube
- Lebensspuren und Selbstverwirklichung
- Finanzielle und erbliche Angelegenheiten
- Endlichkeit und Tod

Die Idee zu diesem Buch ist mit Anregung aus Deutschland in Taiwan entstanden. Dort hat Frau Wu ein Team von Pastoren, Psychologen und Sozialarbeiterinnen gebildet, das die verschiedenen Themen bearbeitet hat. Das Team bestand aus: Hsin-Ju Wu, Shiu-Jun Chou, Xuan-Ge Hong, Rui-Zhi Hu, Su-Fen Lin, Hsin-Nan Lin, Yen-Yu Lin und Hsin-Jen Wang. Zunächst entstand daraus ein Begleitbuch, das sowohl für Senioren gedacht war als auch für Leiter und Leiterinnen von Seniorengruppen in den Pfarreien. Ein zweiter Band enthielt dann verschiedene Übungen, um die Themen für sich persönlich und in der Gruppe zu bearbeiten. Der Kurs wurde auch vom Health Promotion Administrative Center, Cardinal Tien Hospital, in einigen Gemeinden durchgeführt und mit neuen Übungen ergänzt. Das Übungsbuch hatte den Titel »Meine Lebensgalerie«. Es ist zugleich als Erinnerungsbuch für die Familienangehörigen gedacht, in dem diejeinigen, die es nutzen, nicht nur ihre Lebensgeschichte beschreiben, sondern auch ihre tiefsten Gefühle und Gedanken mitteilen, ihre Lebensphilosophie erklären und ihnen Segensworte schreiben, die über ihren Tod hinaus als kostbares Vermächtnis in der Familie aufbewahrt werden können.

Beim Schreiben dieses Buches wurde uns dann bewusst, dass die Senioren, mit denen die Seniorenbeauftragten in den taiwanesischen Kirchengemeinden arbeiten, andere familiäre Strukturen und eine agilere Lebensweise aufweisen bzw. auch eine andere Förderung erfahren können im Vergleich zu pflegebedürftigen Senioren in deutschen Pflegeeinrichtungen. Die Gedanken und Übungen, die wir dann für die deutsche Ausgabe ausgesucht haben, sind sowohl für Senioren gedacht, die in kirchlichen Gemeinden oder anderen Treffpunkten zusammenkommen, aber auch für Senioren in Pflegeeinrichtungen. Im Kontext dieses Buches ist der Begriff der Pflegeeinrichtungen als ein ergänzendes teilstationäres Angebot wie eine Tagespflege bzw. als eine vollstationäre Pflegeeinrichtung mit einer Rund-um-die-Uhr-Versorgung zu verstehen. Dabei sind auch Einrichtungen wie beispielsweise Betreutes Wohnen, Senioren-WGs, Einrichtungen für Kurzzeitpflege inbegriffen.

Konkret ist das Buch daher konzipiert und hilfreich für folgende Leserinnen und Leser:

› Seniorinnen und Senioren. Sie hatten auf ihrem Lebensweg häufig wenig Gelegenheit, an sich selbst zu arbeiten. Sie haben Zeiten von Armut und Not, Krieg und Nachkriegszeit mit ihren Entbehrungen erlebt. Sie können in diesem Buch Hilfen finden, sich selbst besser kennen und verstehen zu lernen und bis zum Ende selbstbestimmt zu bleiben.

› Familienangehörige. Das Buch will ihnen helfen, angemessen mit alten Menschen in der Familie umzugehen und sie zugleich als Spiegel für sich selbst zu sehen, um sich auf das eigene Älterwerden vorzubereiten. Zudem finden sie in diesem Buch Anregungen, wie sie mit ihnen spielerisch über wichtige Themen des Alters ins Gespräch kommen, und finden einfache Übungen, die anregen, über das Leben nachzudenken.

› Begleitende, Seelsorgerinnen und Seelsorger und Menschen, die mit Seniorinnen und Senioren arbeiten. Sie lernen nicht nur, wie sie diesen bei der Bewältigung ihrer Lebensgeschichte helfen können, sondern auch, im Umgang mit ihnen die eigene Lebensgeschichte anzuschauen und zu bearbeiten. Zudem bekommen sie Hilfen an die Hand, wie sie Gespräche gestalten können.

› Seniorengruppen. Hier können die Teilnehmenden über ihre Beziehung zu den Familienangehörigen ehrlich sprechen und einander stützen. Das Buch geht Themen an, die innerfamiliär häufig ausgeblendet werden, weil die Angehörigen ungeübt im Umgang mit Themen wie Emotionen, Krankheit, Tod sind. Hier finden Seniorengruppen Anregungen und Mutmacher, diese in der eigenen Familie anzusprechen.

Das Buch möchte Menschen auf ihrem Weg zum selbstbestimmten Älterwerden begleiten und ihnen zugleich Übungen anbieten, die ihnen helfen können, dies so zu gestalten, dass es für sie stimmig ist. Die Übungen kann man entweder allein für sich praktizieren oder aber in einer Gruppe miteinander ausprobieren. Dann kann man sich gegenseitig ermutigen, kreativ auf das Älterwerden zu reagieren, und findet einige Hilfen, wie man das, was wir in diesem Buch besprechen, im Alltag umsetzen kann. Für diese Übungen haben wir zudem einige Arbeitsblätter entwickelt, die den Umgang mit diesen Themen erleichtern sollen und die Lust wecken, sich auf die persönliche Arbeit und den Austausch miteinander einzulassen.

Nutzt man dieses Buch als Pflege- oder Betreuungskraft, kann man aus der großen Auswahl an Übungen das auswählen, was man für die konkreten alten Menschen, mit denen man gerade arbeitet, als geeignet empfindet. Bei manchen Übungen haben wir »Leichtere Übung« in Klammern vermerkt. Diese Übungen sind vor allem für die Arbeit mit Senioren in verschiedenen Pflegeeinrichtungen gedacht.

Es ist schön, dass die Erfahrungen in der Altenarbeit in Taiwan auch unseren Umgang mit Senioren befruchten kann. Der Austausch der Kulturen ist immer ein Segen für beide Seiten. Außerdem stellt dieses Buch einen Austausch zwischen Caritas und Diakonie und zwischen katholischen und evangelischen Ansätzen in der Seniorenarbeit dar. So hoffen wir, dass dieses Buch über alle

Konfessions- und Sprachgrenzen hinweg eine Hilfe sein kann für älter werdende Menschen und für alle, die mit ihnen und für sie arbeiten.

Zu diesem Praxisbuch ist separat ein Arbeitsbuch erhältlich, das zum Teil weitere Impulsfragen beinhaltet und in dem die Grafiken für die einzelnen Übungen als Kopiervorlagen schon vorgezeichnet sind. Die Übungen, bei denen das der Fall ist, sind im vorliegenden Buch mit der Seitenzahl im Arbeitsbuch gekennzeichnet: **12**

1. Würde und Selbstwertgefühl

---

1. Ziel dieses Kapitels

Ziel dieses Kapitels ist es, älteren Menschen Selbstwertgefühl zu vermitteln und einen Sinn in ihrem Alter zu sehen. Nur wer einen solchen erkennt, kann zufrieden und gelöst leben. Zudem sollen Vorurteile gegenüber älteren Menschen überwunden und ein gutes und realistisches Selbstbild entwickelt werden. Ein drittes Ziel ist, die unantastbare Würde älterer Menschen zu entdecken. Das führt dazu, dass wir selbst unsere Würde leben und nicht von anderen verlangen, dass sie uns diese verleihen oder unsere Würde achten.

2. Zum Einstieg

Welche Bilder gibt es in Ihrer Kultur für das Alter? Wie spricht man in der Gesellschaft über das Alter? Welche Bilder haben Sie selbst vom Alter? Wie sprechen Sie über Ihr Alter? Verleugnen Sie es, indem Sie sagen: Ich bin noch jung? Vergleichen Sie sich mit jüngeren Menschen und möchten Sie sich vor jungen Menschen als fit und leistungsstark zeigen? Sind Sie neidisch auf junge Menschen?

3. Fallbeispiel

Ein 75-jähriger Mann will seiner 15-jährigen Enkeltochter beweisen, dass er schneller Ski fahren kann als sie. Er möchte auch in diesem Alter noch als jugendlich erscheinen. Doch das wirkt sowohl auf seine Tochter als auch seine Enkelin eher peinlich. Die Enkelin fühlt sich zudem nicht in ihrer Person und Rolle wahrgenommen, sondern nur als Konkurrentin.

Ein anderer Großvater wollte mit seinen Enkelkindern um die Wette laufen, aber als das Rennen startete, merkte er, dass er gleich außer Puste war und es keinen Sinn hat, seinen Enkeln zeigen zu wollen, wie schnell er noch ist. Er blieb stattdessen stehen und pflückte eine Pusteblume. Dann zeigte er den Enkeln, wie man die Samenstände wie Fallschirme in die Luft blasen kann. Die Enkel waren ganz begeistert und haben gleich mitgespielt. Da war auf einmal die Wette, wer am schnellsten läuft, gar nicht mehr wichtig. Er spürte, dass er seine Würde nicht im Laufen, sondern im Zeigen seiner Weisheit offenbart.

4. Entfaltung des Themas

Es geht im Alter darum, weise zu werden. Die Weisheit ist ein Aspekt der Würde des alten Menschen. Sie besteht darin, sein Leben so anzunehmen, wie es ist, mit allen Vorteilen und Nachteilen, die das Alter bietet. Das lateinische Wort für Weisheit ist *sapientia*. Das kommt von *sapere* = schmecken. Weise ist der Mensch, der sich selbst schmecken kann, der ausgesöhnt ist mit sich selbst und daher auch einen »guten Geschmack« verbreitet, etwa im Gespräch mit anderen Menschen, das dann einen angenehmen Nachgeschmack hat. Wenn er jedoch verbittert ist, bekommt auch das Gespräch mit ihm einen bitteren Nachgeschmack.

Die Weisheit besteht ebenfalls darin, dass ich mich als alter Mensch nicht ständig mit jungen vergleiche oder ihnen beweisen will, dass ich noch fit bin. Es geht darum, auf die Jüngeren und ihre Ideen zu hören, aber auch darauf zu vertrauen, dass ich ihnen etwas zu sagen habe, dass ich für sie zum Segen werden kann. Der weise Mensch ist immer ein Lernender. Er lernt von den anderen und aus den eigenen Lebenserfahrungen. Es geht also nicht nur um eine »seniorenfreundliche Gesellschaft«, sondern um einen gesunden Austausch zwischen Alt und Jung, um eine Gesellschaft, deren Ziel das gemeinsame Wohl aller Generationen ist.

Der Neurologe und Psychiater Viktor Frankl erkannte die Voraussetzung dafür, in guter Weise alt zu werden, darin, dass man einen Sinn in seinem Altsein erkennt. Nach dem Schweizer Psychiater und Begründer der Psychotherapie Carl Gustav Jung liegt der Sinn des Alters darin, nach innen zu gehen und den Reichtum der Seele zu entdecken. Der katholische Theologe Romano Guardini sieht den Sinn des Alters darin, die Zusammenhänge des Lebens zu sehen und zu verstehen. Ein alter Mensch hat eine besondere Nähe zum Ewigen, sodass er im Blick auf Gott das Irdische relativieren kann.

Viktor Frankl geht es weniger darum, einen bereits vorhandenen Sinn des Alters zu entdecken. Vielmehr ist er der Ansicht, dass jeder seinem Alter einen Sinn geben muss. Er meint, das Schicksal könne uns vieles rauben: liebe Menschen, die Gesundheit, die Lebenskraft. Aber eines kann es uns nicht nehmen: die Freiheit, darauf zu reagieren. Es ist meine Freiheit, dass ich meinem Alter einen Sinn gebe. Er könnte zum Beispiel darin bestehen, dass ich jüngeren Menschen an meiner Weisheit Anteil gebe und auf diese Weise zum Segen für sie werde. Oder darin, dass ich nach innen horche und dem Geheimnis des Lebens nachspüre oder mich mit meiner Lebensgeschichte aussöhne, sodass ich Frieden, Hoffnung und Zuversicht ausstrahle.

Für C. G. Jung besteht der Sinn des Alters auch darin, sich innerlich auf das Sterben vorzubereiten. Einem Menschen, der unbedingt ein Gespräch mit ihm wollte, schreibt er: »Ich bin auf dem Abmarsch begriffen und schaue nur zurück, wenn es nicht anders zu machen ist. Diese Abreise ist an sich schon ein großes Abenteuer, aber keines, über das man ausführlich reden möchte … Der Rest ist Schweigen! Diese Einsicht wird mit jedem Tage deutlicher, das Mitteilungsbedürfnis schwindet« (Briefe III, 95).

Eine andere Frage ist: Was heißt im Alter Würde? Würde bedeutet, dass auch dieser Lebensabschnitt wertvoll ist, weil der alte Mensch viel erfahren hat, viel erlitten hat, weil er dadurch gereift ist. Gott hat ihm diese Würde geschenkt. Daher muss er sie nicht bei anderen suchen, andere nicht darum bitten oder von anderen erwarten, dass sie ihm diese Würde zusprechen. Er kann also gegenüber anderen so auftreten, dass sie seine Würde spüren und sie dann auch respektieren.

Zur Würde des Alters gehört die Würde des Leibes. Daher ist es wichtig, auch dann den eigenen Leib zu pflegen, sich schön anzuziehen, sich aber auch eine gesunde Körperpflege zu leisten. Damit zeigt er anderen seine Würde. Weil er darum weiß, gibt er sich Mühe, gepflegt zu erscheinen. Teresa von Ávila meint, wir sollten mit unserem Leib gut umgehen, damit unsere Seele Lust hat, darin zu wohnen. Wenn wir uns der Würde unseres Leibes und unserer Seele bewusst sind, dann haben wir eine gute und angenehme Ausstrahlung. Dann spüren wir den inneren Reichtum unserer Seele, aber zugleich auch die Schönheit, die unsere Seele dem Leib verleiht. Denn jeder Leib ist schön, wenn wir ihn liebevoll anschauen und wenn unsere Seele durch ihn hindurchstrahlt.

Vielen alten Menschen fällt das aber schwer. Sie leiden unter einem geringen Selbstwertgefühl. Das hat seine Ursache oft in ihrer Lebensgeschichte. Wenn ich als Kind ständig kritisiert worden bin, wenn ich ständig die Botschaft gehört habe: »Du bist zu langsam. Du bist nicht richtig. Mit dir kann es niemand aushalten«, dann fällt es mir schwer, ein gesundes Selbstwertgefühl aufzubauen. Daher ist es die Aufgabe des alten Menschen, die Verletzungen seiner Kindheit anzuschauen, sich damit auszusöhnen und – wie Hildegard von Bingen sagt – diese Wunden in Perlen zu verwandeln. Dabei hilft die Einsicht, dass das Schwere, das man erlebt hat, auch etwas Kostbares ist. Die je eigene Erfahrung gehört zu jedem Menschen und macht ihn erfahren. Er kann diese Erfahrung an die nächste Generation weitergeben, jedoch nicht auf arrogante Weise, also nicht als Besserwisser, sondern in Demut und mit einem weiten Herzen. Dann weckt er in seinen Angehörigen die Hoffnung, dass auch sie mit ihrer Lebensgeschichte wertvoll sind und dass sie mit ihren eigenen Wunden ebenfalls zum Segen für andere werden können. Sein wahres Selbst ist nicht davon abhängig, ob er nach außen hin sicher auftritt, sondern dass er ganz im Einklang ist mit sich selbst. Dann strahlt von ihm etwas Authentisches aus. Dann spürt man, dass dieser alte Mensch wertvoll ist, eine unantastbare Würde hat.

5. Übungen

Wir schlagen folgende Übungen vor, um die oben dargelegten Gedanken zu vertiefen und in der Praxis zu erfahren. Sie können dabei helfen, Würde und Selbstwertgefühl zu stärken. Dabei geht es nicht darum, alle Übungen zu »absolvieren«. Jeder kann für sich selbst entscheiden, auf welche Übung er Lust hat oder welche Übung für eine Gruppe gerade angemessen ist.

Mein Plan für ein reifes Alter 5

Notieren Sie, was Ihnen spontan zu diesen Fragen einfällt:

- Was möchte in mir reifen?
- Welche Eigenschaften möchte ich als reifer Alter verwirklichen?

Herbstlich leben

Notieren Sie spontan, was Ihnen zu folgenden Fragen einfällt:

- Was denken Sie vom Herbst?
- Verbinden Sie den Herbst mit dem Alter?
- Welche Ähnlichkeiten zwischen Herbst und Alter fallen Ihnen ein?
- Erkennen Sie Parallelen zwischen den bunten Blättern der Bäume und der Buntheit des Alters?
- Erinnern Sie die milden Herbstfarben an die Milde sich selbst gegenüber?
- Und wie erkennen Sie sich im Fallen der Blätter wieder?
- Was möchten Sie gerne loslassen?

Den Herbst fühlen

Nehmen Sie Herbstblätter in die Hand oder geben Sie anderen Herbstblätter in die Hand. Schauen Sie sie an, berühren, betasten sie Sie. Wie fühlt sich dieses Blatt an? Was entdecken Sie in dem Blatt? Was sagt das Blatt über Sie selbst?

Bildlich gesprochen 

Schreiben Sie für sich selbst auf:

- Welche Bilder habe ich vom Alter?
- Welche Bilder fallen mir dazu ein?
- Sie können die Bilder beschreiben oder auch malen.

Ich bin ich

Diese Übung hat verschiedene Stufen:

1. Stufe: Gehen Sie durch den Tag und sagen Sie sich immer wieder: »Ich bin ich selbst.« Wie erleben Sie dann das Frühstück, den Beginn der Arbeit, das Gespräch mit anderen Menschen? Wie reagieren Sie dann auf Freunde, Verwandte, auf Fremde?

2. Stufe: Eine Übung in der Gruppe. Alle gehen zwei Minuten lang mit dem Satz »Ich bin ich selbst« im Kopf durch den Raum. Sie stellen sich dabei verschiedene Situationen vor. Dann bildet man zwei Reihen, die sich einander gegenüberstehen. Nun geht jeder mit dem Wort »Ich bin ich selbst« durch die Gasse, die in der Mitte entstanden ist. Lassen Sie sich dabei Zeit. Wenn einer am Ende angekommen ist, stellt er sich wieder in die Reihen. So geht jeder einmal durch diese Gasse. Anschließend können Sie in der Gruppe darüber sprechen, wie es Ihnen dabei ergangen ist, ob es für Sie möglich war, sich als Sie selbst zu fühlen, wenn viele Sie beobachten.

2. Selbstannahme

---

1. Ziel des Kapitels

Es geht darum, das Wertvolle an der eigenen Person und der eigenen Lebensgeschichte zu erkennen, indem man die einzelnen Lebensjahre durchgeht und sich daran erinnert, was man alles erlebt hat. Bei dieser biografischen Besinnung kann man sich von vier Fragen leiten lassen:

1. Welche Erfolge hatte ich und mit wem habe ich sie erreicht? Wen habe ich durch meine Erfolge verletzt?

2. Welche Fehler habe ich gemacht?

3. Was möchte ich betrauern?

4. Welche Verletzungen habe ich selbst erlitten?

Das Ziel dieser biografischen Besinnung ist, sich mit der eigenen Vergangenheit auszusöhnen. Es geht nicht darum, andere anzuklagen, sondern seine Vergangenheit als die eigene anzunehmen.

2. Zum Einstieg

Wenn ich etwas oder vieles in meinem Leben anders gemacht hätte, wäre es dann heute besser? Dazu kann ich mir Sisyphos vorstellen, der seinen Stein immer wieder auf den Berg wälzt. Auf dem Hintergrund dieses Bildes stelle ich mir die Frage: Gibt es in meinem Leben einen Stein, den ich immer wieder auf einen Berg wälze und der dann wieder nach unten rollt? Was ist mein Stein? Wie möchte ich damit umgehen?

3. Fallbeispiele

Eine Frau erzählte, sie sei als Kind von ihrem Vater sexuell missbraucht worden. Bis zum Alter von vierzig Jahren habe sie nur funktioniert, nicht wirklich gelebt. Dann habe sie eine Therapie gemacht und Kurse zum Thema Körperarbeit besucht, um anschließend selbst in einer psychosomatischen Klinik Körperarbeit für die Klienten anzubieten. Viele Frauen, die ein ähnliches Schicksal hatten wie sie, gingen lieber zu ihr als zu den ausgebildeten Therapeuten und Therapeutinnen, denn sie fühlten sich von ihr verstanden. Als diese Frau nun achtzig Jahre alt wurde, sagte sie den Gästen bei ihrem Geburtstag, sie sei noch nie so glücklich und mit sich im Frieden gewesen wie jetzt. Sie hatte sich mit ihrer Vergangenheit ausgesöhnt. So ist ihre Wunde für sie zur Perle geworden.

Ein Mann war geschäftlich sehr erfolgreich und hatte auch eine gute Beziehung zu seiner Familie. Doch immer öfter fühlte er sich traurig und bedrückt, wenn er mit seinen Söhnen zusammen oder allein war. Er spürte, dass er als Vater immer noch unter dem Schatten des eigenen Vaters stand. Er wusste von diesem Schatten, aber da es ihm unangenehm war, sich daran zu erinnern, hatte er ihn verdrängt. Er dachte, dass diese Verletzung von allein verschwinden würde. Im Alter wurde dieses negative Gefühl jedoch immer stärker und auch die Aggression gegenüber den eigenen Söhnen wuchs. Im Gespräch mit einem Seelsorger erzählte er zum ersten Mal von den Schlägen, die sein Vater ihm als 12-jährigen Jungen aufgrund eines Missverständnisses verpasst hatte. Jetzt konnte er um dieses verletzte Kind weinen. Damals hatte er es aus Stolz nicht getan. Er weinte auch, weil er nach den Schlägen die Beziehung zum Vater innerlich abgebrochen hatte. Der Seelsorger lud ihn nun ein, in einer Fantasieübung das geschlagene Kind von damals zu umarmen. Das hat es ihm ermöglicht, ehrlich mit dem Vater über die Verletzung zu sprechen und das Missverständnis zu klären und ihn so mit ihm versöhnt. Danach spürte er gegenüber seinen Söhnen keine Aggressionen mehr.

4. Entfaltung des Themas

Sich mit allem, was war, auszusöhnen, bezieht sich auf viele Bereiche. Einmal auf den Lauf des Lebens, aber auch auf den Leib, den ich bei meiner Geburt mitbekommen habe, mit seinen Begrenzungen und Empfindlichkeiten. Ich konnte mir zudem die Familie und das Umfeld meiner Kindheit nicht aussuchen. Ich bin in diese konkrete Situation hineingeboren worden. Wichtig ist, dass ich das bejahe und das Beste daraus mache.

Sich auszusöhnen bezieht sich aber vor allem auch auf die Verletzungen, die ich erfahren habe. Es gibt ein Grundgesetz der Psychologie: Wenn ich mich nicht aussöhne mit den Verletzungen in meiner Lebensgeschichte, dann werde ich entweder diese Verletzungen weitergeben und andere verletzen. Oder ich werde mich selbst verletzen. Ich werde die verletzenden Worte der Eltern wie »Du bist nicht richtig, du bist zu langsam, du bist krank« verinnerlichen und selbst davon überzeugt sein, dass ich nicht richtig, zu langsam oder krank bin. Oder ich suche mir immer wieder Situationen, in denen die Verletzungen der Kindheit sich wiederholen. Wenn mich beispielsweise mein Vater als Frau entwertet hat, gerate ich immer wieder an Männer, die mich genauso entwerten wie mein Vater. Daher ist es wichtig, sich mit den Verletzungen der Kindheit auszusöhnen. Das befreit uns von dem Wiederholungszwang, wie Sigmund Freud es bezeichnete.

In der Psychologie spricht man vom »verletzten Kind«, das jeder in sich trägt. Es meldet sich immer zu Wort, wenn wir heute auf ähnliche Weise verletzt werden. Wenn ich als Kind von meinem Vater nicht genügend gesehen wurde, habe ich immer das Gefühl: Mein Partner übersieht mich, mein Chef übersieht mich, in einer Gruppe werde ich immer übersehen. Wenn ich den Erwartungen meiner Eltern nicht genügen konnte, wenn ich für sie nie gut genug war, werde ich später immer wieder das

Gefühl haben: Als Vater, als Mutter bin ich nicht gut genug. In meinem Beruf genüge ich nicht. Das führt häufig dazu, dass wir uns überfordern, um allen zu beweisen, dass wir gut genug sind. Es gibt noch andere Weisen, auf die wir als Kind verletzt worden sind und die wir dann in uns tragen: das unverstandene Kind, das zu kurz gekommene Kind, das vernachlässigte Kind, das beschämte Kind, das lächerlich gemachte Kind, das abgelehnte Kind, das ungeliebte Kind. Wir erkennen, dass gerade das verletzte Kind in uns berührt wird, wenn wir übertrieben empfindlich auf Worte oder Blicke anderer Menschen reagieren. Wichtig ist jedoch, sich mit diesem auszusöhnen, damit wir nicht immer wieder auf die gleiche Weise verletzt werden.

Bei der Versöhnung geht es auch darum, mit unseren Schuldgefühlen ins Reine zu kommen. Viele alte Menschen leiden unter Schuldgefühlen. Sie haben den Eindruck, nicht richtig gelebt zu haben. Oder es fallen ihnen alte Fehler ein. Manchmal sind Schuldgefühle Reaktionen auf eine reale Schuld, die man auf sich geladen hat, indem man anderen geschadet oder sie verletzt hat. Manchmal sind es aber auch Gefühle, die einfach in uns aufkommen, ohne dass wir etwas falsch gemacht haben. Sie werden uns von unserem Über-Ich eingeimpft. Ein Beispiel: Eine Frau wuchs auf einem Bauernhof auf. Wenn sie als Kind spielen wollte, kam ihre Mutter zu ihr und sagte ihr, es gäbe Wichtigeres zu tun als zu spielen: »Feg den Hof oder geh in den Stall und hilf deinem Vater!« Diese Frau hat nun im Alter Schuldgefühle, wenn sie sich einmal Zeit gönnt, ein Buch zu lesen oder nichts zu tun, einfach nur einmal dazusitzen und nachzudenken.

Schuldgefühle sind immer unangenehm. Ich kann mich mit den Schuldgefühlen aussöhnen, indem ich mir vorstelle: Gott nimmt mich bedingungslos an. Er hat mir meine Schuld vergeben. Ich bin mit meiner Schuld von Gott angenommen. Bei den Schuldgefühlen, die nicht von einer realen Schuld herrühren, sondern uns vom Über-Ich aufgedrängt werden, können wir uns fragen: Was oder welche Erfahrung in der Kindheit steht hinter diesen Gefühlen? Wenn wir dann erkennen, dass es sozusagen die Erwartungen der Eltern sind, die wir hier spüren, dann können wir sagen: Das ist Vergangenheit. Aber ich tue das, was für mich jetzt stimmt. Ich höre mehr auf das, was Gott von mir will, als auf das, was meine Eltern damals von mir wollten. Ich befreie mich von den inneren Stimmen des Über-Ichs.

5. Übungen

Mein Lebensbaum 8

Zeichnen Sie Ihren Lebensbaum.

- Wie sind die Wurzeln – verzweigt, eine Pfahlwurzel, tiefgehend?
- Wie sieht der Stamm aus? Welche Äste haben sich entfaltet? Welche Äste wurden abgesägt?

- Welche Wunden sehe ich an meinem Baum? Was beeindruckt mich am meisten an meinem Baum? Womit möchte ich mich aussöhnen?

Versöhnung mit meinem Leib 

Zeichen Sie den Umriss Ihres Körpers auf ein Blatt. Nehmen Sie sich nun einige Post-Its oder kleine Zettel. Sie können Sie nun in den Körperumriss oder tatsächlich auf bestimmte Stellen Ihres eigenen Leibes kleben, vor allem an die Stellen, wo Sie besondere Schmerzen oder eine besondere Belastung spüren. Stellen Sie sich dabei folgende Fragen:

- Wobei und wie habe ich dieses Körperteil eingesetzt – zum Beispiel meine Hände, meine Füße, meine Stimme?
- Kann ich dankbar sein für meinen Leib, auch für die Stellen, die durch meine Arbeit und meinen Einsatz sehr strapaziert und verletzt worden sind?

Gehen Sie noch einmal in Gedanken durch Ihren Körper und fragen Sie sich: Wie kann ich so mit meinem Leib umgehen, dass meine Seele gerne darin wohnt, wie Teresa von Ávila das einmal ausgedrückt hat?

Das verletzte Kind umarmen

[Einzelübung] Stellen Sie sich aufrecht hin und kreuzen Sie die Arme über der Brust. Dann umarmen Sie das verletzte Kind in sich. Sagen Sie sich selbst: Ich umarme in mir das verlassene Kind. Sie können zur Gebärde der Umarmung auch sagen: Ich verlasse dich nicht. Ich bleibe bei dir. Sprechen Sie sich weiter zu: Ich umarme das übersehene Kind. Ich übersehe dich nicht. Ich schaue dich genau und liebevoll an. Ich umarme in mir das nicht genügende Kind, das unverstandene Kind, das zu kurz gekommene Kind, das vernachlässigte Kind, das beschämte Kind, das ungeliebte Kind. Versuchen Sie nun weiterzugehen in den eigenen Seelengrund. Sagen Sie sich: Hier ist das göttliche Kind in mir, das mich in Berührung bringt mit den heilenden Kräften meiner Seele. Dort, wo das göttliche Kind in mir ist, bin ich frei von den Erwartungen der Menschen. Dort bin ich heil und ganz. Die verletzenden Worte können hier nicht eindringen. Hier bin ich ursprünglich und authentisch, ganz ich selbst. Hier bin ich im Grund meiner Seele und ohne Schuldgefühle und Selbstvorwürfe.

Segen verschenken

[Gruppenübung] Lassen Sie jemanden von der Gruppe den Text aus Markus 10,13–16 vorlesen. Dort ist die Rede davon, dass Jesus die Kinder umarmt, ihnen die Hände auflegt und sie segnet, indem er gute Worte zu ihnen spricht. Nachdem Sie das verletzte Kind in sich umarmt haben, gehen Sie weiter zu einem anderen aus der Gruppe, legen Sie ihm die Hände auf und sagen Sie ihm Segensworte im Blick auf sein verletztes Kind. Anschließend tauschen Sie die Rollen. Je nachdem, wie viele TeilnehmerInnen die Gruppe hat, können Sie das bei weiteren Anwesenden wiederholen.

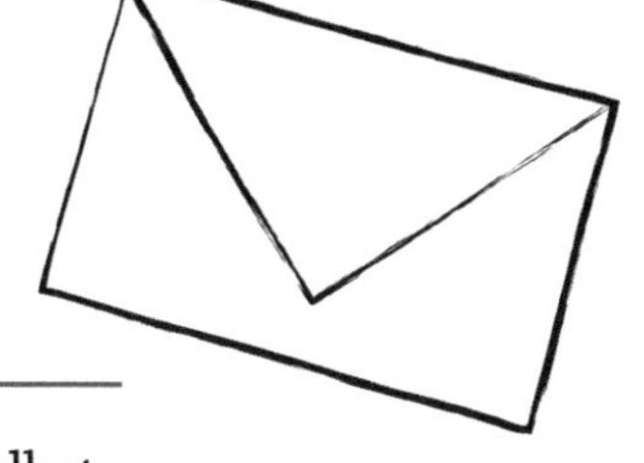

Ein Brief an mich selbst 10

Schreiben Sie einen Brief an sich selbst, an das verletzte Kind in Ihrem Inneren.

Und überlegen Sie gemeinsam mit ihm, was Sie zusammen unternehmen könnten, um die Verletzung zu heilen oder zu verwandeln, oder was helfen könnte, die alte Kränkung wiedergutzumachen.

Fest gehalten

[Leichtere Übung] Die Pflegerin oder eine andere Person lädt die Teilnehmenden ein, sich selbst zu umarmen. Dann kann man sie fragen: Wie fühlen Sie sich, wenn Sie sich selbst umarmen? Was an sich selbst fällt Ihnen schwer zu umarmen? Laden Sie dazu ein, dass sich die Teilnehmenden weiter und länger umarmen, vor allem das, was ihnen an sich selbst nicht so gut gefällt.

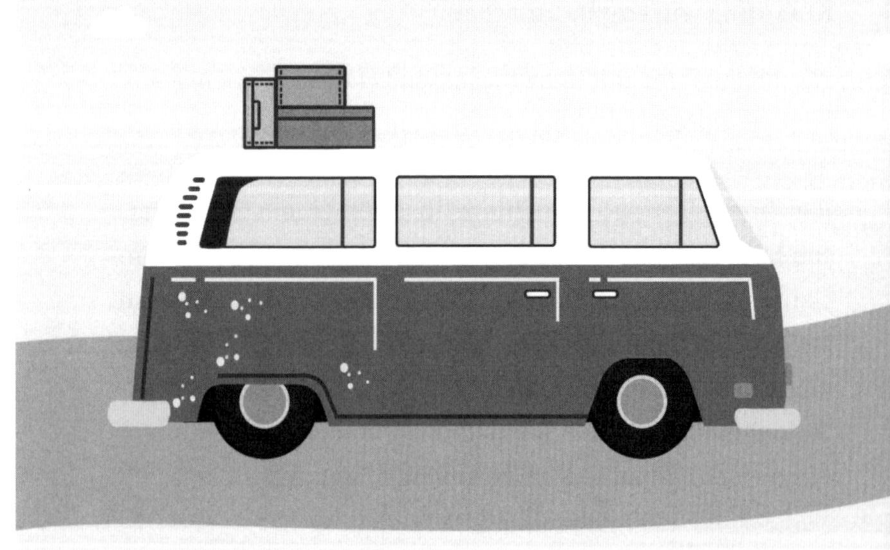

3. Loslassen

1. Ziel des Kapitels

Es geht darum, die Dinge loszulassen, die nicht zu meinem Alter gehören, damit ich offene und leere Hände habe, die wertvollen Dinge zu unternehmen, die jetzt wichtig sind. Die Weisheit des Alters besteht darin, zu unterscheiden, was zu meinem Alter gehört und was nicht. Wenn ich Altes loslasse, kann Neues in mir wachsen und ich kann als alter Mensch Frucht bringen für andere.

2. Zum Einstieg

Wie geht es mir mit dem Loslassen? Halte ich mich gerne an Sicherheiten fest oder an Dingen, die mir wichtig sind, die ich auf keinen Fall entbehren möchte? Was Loslassen bedeutet, zeigt anschaulich die Geschichte von dem Kind, das seine Hand in eine Dose steckt, um sich ein paar Nüsse herauszuholen. Doch weil es mit der Hand die Nüsse umfasst, kann es sie nicht mehr aus der Dose ziehen. Es muss loslassen, um sich zu befreien. So geht es auch im Alter darum, vieles loszulassen, damit ich jetzt mit meinen Händen das anpacken kann, was für mein Alter stimmt.

Man kann sich auch ein anderes Bild vor Augen stellen: Ich sitze im Boot und fahre auf einem Fluss. Ich fahre vorbei an Bäumen, deren die Äste mir über den Kopf streichen. Wenn ich die Äste des Baums, der schon hinter mir liegt, festhalten würde, dann würde das Boot stoppen oder es wird umkippen oder ich werde ins Wasser fallen oder auseinandergerissen.

3. Fallbeispiele

Ein pensionierter Schuldirektor hatte es sich in seinem Ruhestand zur Angewohnheit gemacht, am Vormittag in der Küche sitzen zu bleiben und das Tun seiner Frau zu kommentieren. Das führte zu einem großen Konflikt. Einerseits, weil das Verhältnis von Nähe und Distanz durcheinandergeraten war. Andererseits, weil der Schuldirektor seine Rolle als Lehrer nicht loslassen konnte. Doch das Belehren regte seine Frau auf und machte sie wütend. Das Ehepaar einigte sich dann darauf, dass der Mann vormittags nichts mehr in der Küche zu suchen hatte. Da sollte er entweder in seinem Zimmer etwas lesen oder spazieren gehen. Nachmittags wollten sie beide etwas miteinander unternehmen.

Eine Frau erzählte von ihrem Onkel, der früher Manager in einer großen Bank war. Nach der Pensionierung verlangte er von ihr, dass sie ihm eine Visitenkarte gestalten solle, die er dann überall verteilte. Doch niemand interessierte sich dafür. Er musste schmerzlich erkennen, dass er trotz seiner Visitenkarte und all seiner Berufserfahrung keinen Einfluss mehr hatte. Er wurde nicht mehr gebraucht als Bankfachmann. Das enttäuschte ihn sehr. Es ging ihm nicht gut. Er musste lernen, seine alten Rollen loszulassen.

4. Entfaltung des Themas

In Hinblick auf das Loslassen geht es um fünf Bereiche: Besitz, Gesundheit, Beziehung, Sexualität und Macht/Ego. Loslassen heißt nicht, sich von allem zu trennen und alles wegzulassen. Vielmehr geht es darum, dass wir im Alter nicht von diesen Dingen abhängig sind. Unsere Aufgabe besteht darin, unsere Haltung zu diesen Dingen unserem Alter entsprechend zu ändern.

Loslassen im Alter bezieht sich zunächst einmal auf den Besitz. Ich kann ihn nicht mit in den Tod nehmen. Meine Mutter sagte immer: »Ich möchte mit warmen Händen geben.« Manche alten Menschen halten an ihrem Besitz bis zuletzt fest. Sie begründen das damit, dass sie ihren Kindern möglichst viel vererben möchten. Doch dieses Festhalten und Festklammern tut nicht gut. Man fühlt sich freier, wenn man vieles losgelassen hat. Man kann dann auch leichter gehen. Weil man verstanden hat, dass das letzte Hemd keine Taschen hat, dass man nichts mitnehmen kann. Diese innere Leichtigkeit und Gelassenheit tut auch den Kindern gut.

Des Weiteren geht es darum, die Gesundheit loszulassen. Im Alter nehmen die körperlichen Beschwerden häufig zu.

Wer krampfhaft an seiner Gesundheit festhält, der lebt ständig in der Angst, doch krank zu werden. Das bedeutet, achtsam mit seiner Gesundheit umzugehen, aber auch anzuerkennen, dass im Alter der Körper Abnutzungserscheinungen aufweist und daher eher krank werden kann. Wir sollen für unsere Gesundheit sorgen, aber immer mit dem rechten Maß. Und wir sollen uns nicht von der Gesundheit her definieren, sondern tiefer vordringen in unser wahres Wesen: Was macht mich wirklich aus? Wer bin ich, unabhängig von Krankheit oder Gesundheit?

Auch Beziehungen gilt es loszulassen. Viele vertraute Menschen sind vielleicht schon gestorben. Sie lassen uns einsam zurück. Häufig haben Ältere Angst, dass ihr Ehepartner vor ihnen stirbt. Sie meinen, dann wäre ihr Leben nicht mehr lebenswert. Wenn ich Beziehungen loslasse, erkenne ich, dass ich mich nicht nur über sie definieren darf. Es geht darum, mich selbst in meiner Einsamkeit anzunehmen und meine ganz persönliche Lebensspur in diese Welt einzugraben. Ich soll offen sein für die Begegnungen mit Menschen, ohne mich an sie zu klammern, um meiner Einsamkeit aus dem Weg zu gehen.

Sexualität spielt auch im Alter noch eine Rolle. Viele Menschen genießen auch dann noch Erotik und Zärtlichkeit und erleben sie als Quelle der Lebensfreude. Zugleich spüren sie, dass sich die Sexualität wandelt. Sie ist nicht mehr so stark vom Begehren bestimmt. Es gilt das Triebhafte in der Sexualität loszulassen und das Wesentliche in ihr zu entdecken: die Zärtlichkeit und die Liebe.

Ein großes Thema in Bezug auf das Loslassen ist Macht. Viele klammern sich oft noch an die Macht, die sie beispielsweise im Beruf, aber auch an die Macht, die sie als Vater oder Mutter, als Großvater oder Großmutter in der Familie hatten. Manche alten Menschen wollen den Jungen beweisen, dass sie noch alles im Griff haben. Das ist häufig in Familienunternehmen der Fall, aber auch innerhalb der Familie selbst. Alles muss so sein, wie sie es wollen. Wenn ein alter Mensch seine Macht loslässt, bekommt er sozusagen eine natürliche Autorität, weil man ihn aufgrund seiner Lebensleistung und Lebensgeschichte respektiert.

Ein Beispiel dafür, wie schwer es fällt, Macht loszulassen, zeigt sich darin, dass hinter dem ehrenamtlichen Engagement meist älterer Menschen nicht immer die Motivation steht, den anderen zu helfen. Vielmehr genießen sie ihre Rolle als Helfer und üben darin weiter Macht über Menschen aus. In der Diakonie und Caritas haben viele Sozialarbeiterinnen bemerkt, dass manche pensionierten Ehrenamtlichen in ihren Diensten ihre alte Rolle im Beruf weiterspielen. Man merkt, dass es nicht um Unterstützung anderer geht, sondern dass sie das Helfen brauchen, um weiter bedeutsam zu sein, gebraucht zu werden, anderen sagen zu können, was sie tun sollen oder müssen. Doch das ist für die Menschen, denen sie eigentlich helfen wollen, keine Hilfe. Daher ist es gut, sich selbst ehrlich zu fragen: Warum übernehme ich diese ehrenamtlichen Dienste? Möchte ich nur meine Zeit totschlagen oder wieder spüren, dass ich wichtig bin? Möchte ich allen zeigen, dass ich gebraucht werde und noch sehr beschäftigt bin? Oder will ich wirklich den Menschen dienen?

Am schwersten fällt es, das eigene Ego loszulassen. Viele alte Menschen müssen ständig von sich und den Großtaten ihres Lebens erzählen und so ständig im Mittelpunkt stehen. Das strapaziert häufig die Nerven der Angehörigen und der übrigen Menschen in ihrem Umfeld, weil sie die immer gleichen Geschichten schon so oft gehört haben. Nach der Ansicht C. G. Jungs gehört es zur Reife des Alters, das eigene Ego loszulassen und zum Selbst vorzudringen. Das Ego will sich immer beweisen und darstellen. Es hält sich krampfhaft an allem fest: am Besitz, am Ruf, am Erfolg, an der Anerkennung der anderen. Wer sein Ego loslässt, der hat eine angenehme Ausstrahlung auf seine Umgebung.

Das Loslassen des eigenen Egos hat Jesus als wesentlich für den Christen betrachtet, wenn er sagt: »Wer mein Jünger sein will, der verleugne sich selbst, nehme täglich sein Kreuz auf sich und folge mir nach« (Lk 9,23). Ich muss Abstand gewinnen von meinem Ego, mich täglich annehmen mit allem, was mich und meine Lebenspläne durchkreuzt und Christus nachfolgen. Christus nachzufolgen bedeutet, der Stimme meines Selbst zu folgen, meinem innersten Wesen zu entsprechen. Das gelingt aber nur, wenn ich immer wieder das Ego loslasse, das um sich kreist und sich überall darstellen und in den Mittelpunkt stellen möchte.

Schweres Gepäck 11

Stellen Sie sich vor, das, was Sie nur schwer loslassen können, ist ein Koffer, den Sie mit sich herumschleppen.

- Warum fällt es Ihnen so schwer, den Koffer in die Ecke zu stellen oder aufzugeben?
- Welche Sehnsucht steckt hinter dem Widerstand, den Koffer loszulassen?
- Was könnte Ihnen helfen, den Koffer loszulassen?

Mit offenen Händen

Schließen Sie einmal die Hände zu einer Faust und stellen Sie sich vor, dass Sie etwas ganz intensiv festhalten. Fragen Sie sich dann: Was möchte ich unbedingt festhalten? Versuchen Sie nun, die Hände langsam zu lösen und sie zu öffnen, bis sie zur Schale werden. Fragen Sie sich: Wie geht es mir dabei? Fällt es mir schwer, die Hände zu öffnen und Altes loszulassen? Man kann das auch als Partnerübung gestalten. Setzen Sie sich gegenüber. Dann krallt einer der Teilnehmenden die Hände zu Fäusten zusammen. Der andere versucht, sie durch zärtliches Berühren und Streicheln langsam zu lösen, damit die Hände ganz offen werden, um etwas zu empfangen.

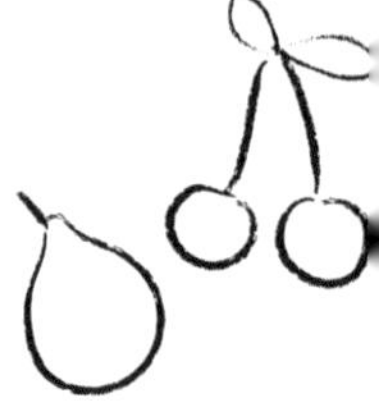

Neues empfangen 12

Fragen Sie sich:

› Wenn ich die Dinge loslasse, was möchte ich dann anpacken, was möchte ich machen, was erreichen?

Schreiben Sie eine Liste, machen Sie einen Plan für das, was Sie tun möchten, wenn Sie das Alte losgelassen haben. Fragen Sie sich:

› Wo möchte ich fruchtbar werden, wieder Früchte bringen? Und welche Früchte möchte ich tragen?

Schatztruhe

[Leichtere Übung] Sammeln Sie in einer schönen Kiste oder einem Koffer verschiedenste Gegenstände: Kinderspielzeug, alte Landkarten, Schmuck, Steine, eine Feder, ein Foto. Überlegen Sie bei der Auswahl, welche Dinge ältere Menschen vielleicht noch aus ihrer Kindheit kennen und wiedererkennen. Laden Sie nun die Teilnehmenden ein, einen Gegenstand auszuwählen, der ihnen gefällt, und ihn in der Hand zu behalten. Wer möchte, kann den anderen erzählen, was er ihm bedeutet oder woran er ihn erinnert. Bitten Sie nun die Teilnehmenden, den Gegenstand wieder zurückzulegen und sich selbst dabei zu fragen: Fällt es mir leicht, den Gegenstand loszulassen, oder möchte ich ihn noch behalten? Und warum möchte ich ihn behalten? Sie können die Runde dann mit einigen Gedanken zum Loslassen im Alter beschließen.

4. Emotionen

---

1. Ziel des Kapitels

Es geht darum, die Emotionen wahrzunehmen und voneinander zu unterscheiden. Zudem sollen Wege aufgezeigt werden, wie man mit Emotionen umgehen kann, sodass sie Energie schenken, anstatt einen zu beherrschen. Ein weiteres Ziel ist, Emotionen nicht zu bewerten, sondern ihren Sinn zu erkennen.

2. Zum Einstieg

Kann ich über meine Gefühle sprechen? Oder fällt es mir schwer, sie anderen zu zeigen und auszudrücken? Kann ich meine Gefühle überhaupt spüren oder bin ich ihnen gegenüber unsicher?

Es gibt viele gerontologische Forschungen, die zeigen: Menschen, die im Alter öfter über ihre eigenen Emotionen sprechen und die bewusst mit ihnen umgehen, leben gesünder und länger. Frauen gehen normalerweise offener mit ihren Emotionen um als Männer – vielleicht ist das mit ein Grund, warum Frauen häufig älter werden als Männer.

Wenn jemand sagt, er sei heute schlecht gelaunt, steckt hinter dieser schlechten Laune häufig ein anderes oder weiteres Gefühl wie Angst, Wut oder Enttäuschung, das sowohl für den Betroffenen selbst als auch für die Menschen, die mit ihnen umgehen (müssen), nicht gleich ersichtlich ist. Aber wie kann man die verschiedenen Emotionen erkennen und welche Wege gibt es, damit umzugehen?

3. Fallbeispiele

Ein Mann wurde immer wieder von Jähzorn befallen. Einmal schlug er in einem solchen Anfall einen Arbeitskollegen. Das Unternehmen wollte ihn deshalb entlassen. Es half ihm aber nicht, ihn zu ermahnen, er dürfe nicht mehr jähzornig sein. Vielmehr musste er die Ursache seines Jähzorns erkunden und herausfinden, was er für einen »Sinn« in seinem Leben hatte und hat. In einem seelsorglichen Gespräch erzählte der Mann dann, dass er mit acht Jahren leidenschaftlich gerne seltene Steine gesammelt hatte. Er reinigte sie mit einer Zahnbürste und reihte sie alle stolz auf seinem Schreibtisch auf. Als er eines Tages von der Schule nach Hause kam, hatte die Mutter alle Steine in die Mülltonne geworfen. Da rastete er zum ersten Mal aus. Die Mutter hatte das, was ihm heilig war, mit Füßen getreten und seine Gefühle missachtet. Er erkannte: Immer, wenn der Jähzorn in mir hochsteigt, möchte er mich dazu ermutigen, das Heilige in mir zu hüten und meine Gefühle von niemandem entwerten zu lassen. Als er nun den Sinn seines Jähzorns erkannt hatte, brauchte er ihn nicht mehr auszuagieren. So wurde das zornige Gefühl, das in ihm aufstieg, vielmehr zum Schutz für das Heilige in ihm.

Die Bibel erzählt uns die Geschichte von Kain und Abel. Als Kain sehr zornig wird, verbietet Gott ihm diese Emotion nicht. Er fordert ihn nur auf, er solle ihrer Herr werden. Sonst würde sie zur Sünde werden (Gen 4,7). Nicht die Emotion ist Sünde, sondern die Tat, die daraus resultiert. Kain wird seines Zornes nicht Herr. Er erschlägt seinen Bruder Abel. Weil er sich von seiner Wut beherrschen lässt und sie ausagiert, sündigt er schwer.

Dazu noch ein Beispiel von heute: Ein Mann spürte immer eine gewisse Wut gegenüber seinem Bruder, die er jedoch immer unterdrückte. Als Kind hatte er das Gefühl, dass der ältere Bruder bevorzugt wurde. Im Alter wurde die Aggression ihm gegenüber immer stärker. Er spürte, dass er mit seinem Bruder freundlicher umgehen sollte, aber er konnte es nicht. Er musste sich erst der alten Verletzung stellen und sich damit aussöhnen, dass sein Bruder vorgezogen wurde. Dann wurde er langsam fähig, mit seinem Bruder besser auszukommen.

4. Entfaltung des Themas

Emotionen gehören wesentlich zum Menschen. Jeder hat Gefühle. Doch oft haben die Emotionen uns im Griff und beherrschen uns. Daher ist das Ziel, gut mit ihnen umgehen zu lernen. Die Frage ist, wie das aussehen könnte.

Die erste Bedingung, um mit Emotionen gut umgehen zu können, ist, sie nicht zu bewerten, sondern sie einfach anzuschauen. Wir können versuchen, mit ihnen zu sprechen, sie zu fragen, was sie uns eigentlich sagen möchten. Jede Emotion hat einen Sinn. Der Ärger hat beispielsweise den Sinn, sich besser abzugrenzen. Denn man ärgert sich oft über Menschen, die die eigenen Grenzen überschreiten. Dann ist der Ärger die Einladung, diese Grenze besser zu schützen. Eine andere Hilfe, mit dem Ärger umzugehen ist, ihn zu spüren, aber sich dann davon zu distanzieren. Ich kann bewusst erst einmal durchatmen, dann bekomme ich schon Abstand zur Aggression und brauche sie nicht nach außen zu bringen. Die Gehirnforschung zeigt, dass man sechs Sekunden innehalten soll, um die Aggression zu stoppen oder zu entschärfen. Sechs Sekunden genügen, damit wir Distanz bekommen, sodass wir sie nicht ausagieren müssen.

Auch die Traurigkeit hat einen Sinn. Nach Ansicht der frühen Mönche liegen auf dem Grund der Traurigkeit häufig unerfüllte Wünsche aus unserer Kindheit. Im Alter spüren wir, dass unsere kindlichen Wünsche an das Leben nicht in Erfüllung gegangen sind. Und statt uns mit unserer Lebensgeschichte, so wie sie ist, auszusöhnen, hängen wir alten Träumen nach. Ein anderer Grund für Traurigkeit ist oft die Einsamkeit. Wir haben dann das Gefühl: Ich bin allein, keiner hat Zeit für mich, keiner interessiert sich für mich. Dann wäre es gut, sich mit seinem Alleinsein auszusöhnen oder aber durch die Traurigkeit hindurchzugehen und in den Grund der Seele zu gelangen. Dort erahne ich, dass ich eins bin mit allen Menschen und kann das Alleinsein in ein All-Eins-Sein verwandeln. Dann fühle ich mich zugehörig zu allen Menschen. Aus Traurigkeit wird ein Gefühl der Zugehörigkeit und des Verbundenseins.

Eine andere Emotion, mit der ältere Menschen häufig zu tun haben, ist die Angst, zum Beispiel vor Krankheit, vor dem Tod, oder die Angst, das Leben nicht mehr allein zu schaffen und auf die Pflege anderer angewiesen zu sein. Auch da kann es helfen, mit der Angst zu sprechen, ihr ins Gesicht zu sehen, sie nicht zu verdrängen. Die Angst vor der Krankheit und vor dem Tod macht mir deutlich, dass ich keine Garantie habe, nicht krank zu werden. Ich muss mich damit aussöhnen, dass ich im Alter körperlich nachlasse und dass immer wieder Krankheiten auftreten können. Zugleich lädt mich die Angst dazu ein, mich dem Segen Gottes anzuvertrauen und darauf zu hoffen, dass Gott mich mit einer möglichen Krankheit nicht überfordert. Der Autor André Gide sagte einmal, die Angst könne mir die Türen aufschließen zu neuen Bereichen meiner Seele und meines Lebens. Durch die Krankheit kann ich noch mehr zu meinem wahren

Selbst kommen, unabhängig davon, ob ich gesund bin oder krank.

Auch die Angst vor dem Tod gehört wesentlich zum Menschen. Sie will mich dazu einladen, im Augenblick zu leben und die Zeit, die mir für das Leben bleibt, gut zu nutzen, bewusst jedes Gespräch wahrzunehmen, dankbar für jede Begegnung zu sein und über das Wesentliche meines Lebens nachzudenken. Der Gedanke an den Tod macht jeden Augenblick kostbar. Ein alter Mönch wurde einmal gefragt, warum er nie Angst habe. Er antwortete: »Weil ich mir täglich den Tod vor Augen halte.« Das Denken an den Tod will mich dazu auffordern, mir zu überlegen, welche Lebensspur ich in diese Welt eingraben möchte in dieser Zeit, die mir noch bleibt bis zum Tod.

Andere typische Emotionen beim Älterwerden sind die ängstlichen Sorgen, die man sich um sich und seine Zukunft macht. Viele sind auch um ihre Kinder und Enkelkinder besorgt, dass ihnen etwas passieren könnte oder dass sie nicht den richtigen Weg ins Leben finden könnten. Die Aufgabe ist dann, die ängstliche Sorge in eine liebevolle Fürsorge zu verwandeln. Eine Möglichkeit, dies zu erreichen, ist das Gebet. Indem ich für die Kinder und Enkelkinder bete, verwandelt sich meine Sorge in Hoffnung für sie.

Viele alte Menschen leiden zudem an Minderwertigkeitskomplexen. Sie haben das Gefühl, dass sie nicht mehr gebraucht werden, dass sie nicht mehr geschätzt werden von anderen. Manchmal drückt sich das Minderwertigkeitsgefühl auch dadurch aus, dass sie sich selbst kleinmachen, von sich sagen, sie könnten ja nichts mehr leisten, sie seien es nicht wert, dass man sie beachtet. Doch wer sich selbst entwertet, wird seinen Minderwertigkeitskomplex dadurch kompensieren, dass er die junge Generation verachtet oder kleinmacht. Er wird verbittern und sich selbst isolieren. Manche haben auch Angst, Menschen mit einem starken Selbstvertrauen zu begegnen. Sie kommen sich vor ihnen klein und minderwertig vor. Wir sollen unser Selbstwertgefühl nicht allein durch Leistung oder sicheres Auftreten nach außen stärken. Vielmehr geht es darum, unser wahres Selbst zu entdecken, das einmalige Bild, das Gott sich von uns gemacht hat. Wenn wir mit diesem wahren Selbst in Berührung sind, sind wir schon wertvoll, dann brauchen wir unseren Wert nicht mehr durch Selbstdarstellung zu beweisen.

Eine häufige Folge dieser Emotionen bei alten Menschen ist das Jammern. Der eine jammert über seine Krankheiten, über seine Einsamkeit, dass keiner ihn besucht, dass man ihn allein lässt. Andere jammern über die Beschwerden des Alters, dass es nicht schön ist, die ganze Zeit zu Hause zu sitzen. Viele, die jammern, fühlen sich als Opfer – ihrer Verwandtschaft, die sich nicht um sie kümmert, einer Lebensgeschichte, die nicht so gelaufen ist, wie sie sich das vorgestellt haben. Oder sie fühlen sich als Opfer der Gesellschaft, die keine Rücksicht auf sie nimmt, oder von Menschen, die sie verletzt haben. Dann wäre es wichtig, aus dieser Opferrolle auszusteigen. Denn wenn ich in der Opferrolle bleibe, schwäche ich mich selbst. Von mir geht dann eine aggressive Energie aus, vor der sich meine Umgebung versucht zu schützen. Daraus entsteht ein Teufelskreis: Weil von mir Aggression ausgeht, lehnt mich meine Umgebung ab. Und weil ich mich abgelehnt fühle, werde ich noch aggressiver und fühle mich noch mehr als Opfer. In der Folge schlägt Aggression häufig in Hass oder gar in Rachegefühle um. Man möchte sich rächen an denen, die einen verletzt haben und denen man die Schuld für die eigene Misere zuschiebt. Aus der Opferrolle auszusteigen bedeutet, dass ich Verantwortung für mein Leben übernehme. Ich nehme es so an, wie es ist, und versuche, das Beste daraus zu machen.

Wenn wir über den Umgang mit Emotionen nachdenken, so kann man beobachten, dass gerade ältere Männer anders mit ihren Gefühlen umgehen als ältere Frauen. Frauen leiden oft darunter, dass Männer ihre Gefühle nicht zeigen und nicht über ihre Gefühle sprechen können. Und Männer fühlen sich oft von den Frauen gedrängt, dies zu tun, obwohl sie gar nicht genau wissen, was sie gerade spüren. Sie haben keine gute Beziehung zu ihren Gefühlen. Wenn wir um die verschiedene Haltung zu den Gefühlen bei Männern und Frauen wissen, können wir besser damit umgehen und daraus keinen Vorwurf ableiten.

Der wichtigste Grundsatz für den angemessenen Umgang mit Emotionen ist, dass wir sie wahrnehmen, ohne sie zu bewerten. Wir müssen sie stattdessen annehmen. Das Ziel ist, die Emotionen in eine gute Energie zu verwandeln. Aber verwandelt werden kann nur das, was wir angenommen haben. Wenn wir uns wegen unserer Emotionen selbst beschimpfen oder negative Emotionen wie Angst und Hass an oder in uns bekämpfen, geben wir ihnen damit noch mehr Macht über uns. Sie werden uns beherrschen statt uns zu unterstützen.

Für die Verwandlung der Emotionen gilt ein dreifaches Ja und ein dreifaches Nein: Ja zum Wahrnehmen, Nein zu den Schuldgefühlen, Ja zum Annehmen und Nein zur Verdrängung, Ja zur Verwandlung und Nein zur Projektion auf andere. Wenn ich Schuldgefühle wegen meiner Angst oder meines Hasses habe, werde ich noch länger in meiner Angst und in meinem Hass stecken bleiben. Und ich werde mich immer mehr selbst ablehnen. Emotionen lassen sich nicht verdrängen. Wenn ich es versuche, dann geraten sie in den Schatten. Und von dort aus werden sie sich destruktiv auf mich auswirken. Wenn ich zum Beispiel meine Aggression verdränge, wird sie mich entweder hart machen oder körperlich krank oder sie wird zu einer passiven Aggression. Das heißt: Nach außen hin werde ich freundlich bleiben, aber mein Gegenüber spürt im Gespräch meine verdrängte Aggression. Das wiederum löst in ihm Aggressionen mir gegenüber aus.

Eine andere Weise, in der sich verdrängte Gefühle negativ auswirken, ist die Projektion auf andere. Ich meine dann, mein Gegenüber sei so aggressiv, obwohl es eigentlich friedliebend ist. Ich projiziere meine verdrängte Angst auf den anderen, indem ich ihm misstraue. Wenn ich mich selbst nicht ehrlich anschaue, dann geht von mir ein unbewusstes Misstrauen allen Menschen gegenüber aus. Das spüren die, die mir begegnen. Und es hält sie davon ab, mit mir in eine gute Beziehung zu kommen.

Eine andere Form verdrängter Aggression ist die emotionale Erpressung. Ein Beispiel: Eine Frau möchte ihre Freundin besuchen, aber ihr Mann sagt ihr, dann würde er krank werden. Es würde ihm schlecht gehen. Oder: Sie solle sich zwischen ihm und ihr entscheiden. Nach außen hin gibt er sich schwach und kränklich. Aber in Wirklichkeit steckt eine starke Aggression dahinter. Er möchte Macht über seine Partnerin ausüben. Er möchte sie emotional erpressen. Diese Form passiver Aggression findet man bei alten Menschen manchmal, wenn sie ihren Angehörigen sagen: »Weil ihr mich nicht besucht, werde ich krank werden. Es geht mir so schlecht, weil keiner mich besucht. Ich werde mich umbringen, weil sich sowieso keiner um mich kümmert.«

All diese negativen Weisen, mit Emotionen umzugehen, zeigen, dass es unsere Aufgabe im Alter ist, unsere Emotionen genau zu erforschen, mit ihnen ins Gespräch zu kommen, ihren Sinn zu entdecken und sie dann in eine gute Energie umzuwandeln. Das Wort »Emotionen« leitet sich von lateinisch *movere* = bewegen ab. Ohne Emotionen verlieren wir unsere Kraft. Emotionen sind eine Quelle von Energie. Aber es ist unsere Verantwortung, dass sie in eine Quelle guter und heilsamer Energie verwandelt werden.

Mit negativen Emotionen ins Gespräch kommen 13

Nehmen Sie sich einen Notizblock und schreiben Sie auf, was Ihnen zu folgenden Fragen einfällt:

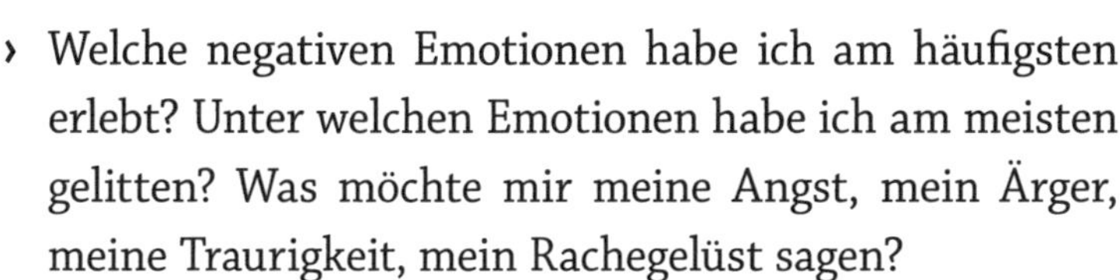

› Welche negativen Emotionen habe ich am häufigsten erlebt? Unter welchen Emotionen habe ich am meisten gelitten? Was möchte mir meine Angst, mein Ärger, meine Traurigkeit, mein Rachegelüst sagen?

› Hat diese Emotion mit meinen Erfahrungen in der Kindheit zu tun? Wenn ja: Welches Erlebnis in der Kindheit fällt mir spontan dazu ein? Woher könnten diese Emotionen kommen?

› Wie könnte ich die negativen Emotionen verwandeln? Ist es mir schon einmal gelungen, eine negative Emotion zu überwinden?

Man kann diese Übung auch in der Gruppe durchführen, indem man einen Kreis bildet und die Fragen an alle stellt. Dabei wäre es gut, wenn jeder zuerst einmal aus seinem Leben erzählt, was ihm zu Emotionen einfällt. Dann kann man darüber ins Gespräch kommen.

Baum der Dankbarkeit 14

Zeichnen Sie den Umriss eines Baumes aufs Papier: Ihren Baum der Dankbarkeit. An den Ästen können Sie statt Blätter Herzen zeichnen.

Schreiben Sie in diese Herzen, wofür Sie dankbar sind. Es geht darum, alle Herzen am Baum auszufüllen, auch wenn es Ihnen zunächst schwerfällt, so vieles zu finden, für das Sie dankbar sind.

Brille der Dankbarkeit

[Leichtere Übung] Fragen Sie Ihr Gegenüber oder in der Gruppe: Worüber ärgern Sie sich jetzt hier in der Einrichtung, in Ihrem Alltag – vielleicht, wenn das Essen zu spät kommt oder wenn es etwas gibt, was Ihnen nicht schmeckt? Was fällt Ihnen aus Ihrer Lebensgeschichte ein, worüber Sie sich geärgert haben? Ärgern Sie sich immer noch darüber oder ist das längst vorbei? Versuchen Sie, einmal eine andere Brille aufzusetzen und mit der Brille der Dankbarkeit auf Ihr Leben zu schauen. Was fällt Ihnen ein? Wofür sind Sie dankbar jetzt im Alter? Wenn Sie auf Ihr Leben schauen, wofür sind Sie dankbar? Wenn wir über die Dankbarkeit sprechen, welches Gefühl kommt da in Ihnen hoch? Wird der Ärger durch die Dankbarkeit schwächer?

5. Glauben

1. Ziel des Kapitels

Das Ziel dieses Kapitels ist, sich mit seinem Glauben auseinanderzusetzen – mit dem der Kindheit und mit dem, wie er sich jetzt gerade darstellt. Weiter geht es darum, im Alter einen Glauben zu finden, der trägt, der hilft, das Alter in einer guten Weise zu leben, unabhängig davon, welcher Religion jemand anhängt. Es geht um ein ehrliches Ringen mit dem eigenen Glauben: Was trägt mich? Welche Rolle spielt Gott in meinem Leben? Was ist für mich Glauben?

2. Zum Einstieg

Welcher Glaube prägt gerade mein Leben? Wie würde ich meinen Glauben heute beschreiben? Was ist für mich zentral an meinem Glauben? Welche Rolle hat der Glaube in meinem Leben gespielt? Hat sich mein Glaube im Lauf der Zeit gewandelt? Welche Rolle spielt der Glaube jetzt in meinem Alter?

3. Fallbeispiele

Hier zwei Beispiele aus der Erfahrung von P. Anselm: Meine Mutter war immer eine fromme Katholikin. Sie ging jeden Morgen in den Gottesdienst und stimmte dort gerne die Lieder an. Im Alter wurde ihre Frömmigkeit viel offener und liberaler. Sie wagte auch den Papst zu kritisieren. Sie vertraute ihrem eigenen Gefühl, was für sie ein gesunder Glaube ist und wo er krankmachen kann. Ihr Glaube gab ihr Halt, aber er schenkte ihr auch eine innere Weite und Freiheit.

Ein Mitbruder war immer sehr fromm. Doch im Alter wurde seine Frömmigkeit von Ängsten bedrängt. Er hatte plötzlich Angst, dass er nicht in den Himmel kommen könne, weil ihm einiges aus der Kriegszeit eingefallen war, das er getan hatte. Sein Gottesbild wurde nicht offener, sondern im Gegenteil immer enger und furchteinflößender.

Und eines aus Taiwan und der Erfahrung von Frau Wu: Ich kenne einen emeritierten Professor, dem als Wissenschaftler der christliche Glaube zu eng schien. Daher war er kein Christ. Er meinte, er brauche nur Wissen, aber keine Transzendenz, die alles Wissen übersteigt. Als er achtzig Jahre alt geworden war, wollte er plötzlich theologische Bücher lesen. Er spürte, dass er spirituelle Gedanken brauchte. Im Alter erkannte er, dass das Wissen zwar wichtig ist, aber am Ende seines Lebens wollte er nicht glauben, dass mit dem Tod alles zu Ende ist. Sein Gefühl sagte ihm, dass das zu wenig wäre. Er erinnerte sich an seine Erfahrungen in der Umweltprotestbewegung. Da hatte er viele Menschen erlebt, Christen und Atheisten. Und er hatte erkannt, dass die Haltung der Christen anders war, weil sie demütig waren, Ehrfurcht vor der Natur hatten sowie eine transzendente Hoffnung. Er hatte erfahren, dass der Einsatz für die Umwelt ohne Gott oft von Enge und Härte geprägt war. So wurde er im Alter offen für den Glauben und für die Spiritualität.

4. Entfaltung des Themas

Menschen werden im Alter nicht automatisch gläubiger. Es gibt auch viele, die ihren Glauben dann aufgeben, weil ihnen vieles nicht mehr als stimmig erscheint. Sie sind enttäuscht worden von Menschen in der Kirche oder vom Leben. Manchen beschäftigen sich mit atheistischen Gedanken, die sie früher abgelehnt haben. Andere halten streng an ihrem Glauben der Kindheit fest. Manchmal ist dieser Glaube jedoch von der Angst geprägt: Ich muss alles tun, was die Kirche oder Gott mir vorschreibt, damit ich nicht in die Hölle komme.

Glaube muss sich aber wandeln, sonst erstarrt er. Das gilt vor allem für das Alter. Manche eher naiven Gottesbilder – zum Beispiel das des liebenden Vaters, der immer für seine Kinder sorgt – werden durch das Leben und die eigenen Schicksale zerbrochen. Aber dann gilt es, hinter diesen zerbrochenen Gottesbildern den unbegreiflichen Gott zu erkennen, der trotz aller Unbegreiflichkeit dennoch Liebe ist. Manche geraten im Alter in eine Glaubenskrise. Sie zweifeln, ob der Glaube wirklich trägt, ob wir wirklich auf ein ewiges Leben bei Gott hoffen dürfen. Manche möchten gerne glauben, aber sie spüren, wie ihnen der Glaube zerrinnt. Ihn ganz über Bord zu werfen, kommt für diese Menschen nicht in Frage. Denn sie spüren, dass sie dann einen festen Halt verlieren würden. Daher gilt es, mit diesen Zweifelnden nach einem Glauben zu suchen, der sie wirklich trägt. Denn der Glaube ist wichtig im Alter. Er gibt Halt. Ohne Glauben erfahren viele das Alter als sinnlos. Es ist dann nur noch wertvoll, wenn man von anderen geachtet wird oder noch viel tun kann. Doch zugleich hat man Angst davor, einmal nichts mehr leisten zu können. Der Glaube schenkt Menschen eine Würde, die unabhängig ist von ihrer Leistung, unabhängig von Gesundheit oder Krankheit, von Leben oder Tod. Er schenkt Gelassenheit und die Zuversicht: Ich bin nicht allein. Gottes Liebe umgibt mich. Ich bin wertvoll, ganz gleich, wie es mir geht. Gott nimmt mich immer so an, wie ich bin. Das ermöglicht es mir, auch mich selbst anzunehmen.

Der Glaube sagt mir, dass mein Tod nicht das Ende ist, sondern Vollendung. Nach C. G. Jung entspricht der Glaube an das ewige Leben der Weisheit der Seele. Daher ist seiner Ansicht nach der Glaube heilsam für den Menschen. Er lässt ihn in Gelassenheit und Hoffnung und Zuversicht leben.

Doch wie finden alte Menschen, die jahrelang ihren Glauben vernachlässigt haben, wieder zu ihm zurück? Es geht nicht darum, den Kinderglauben wiederzufinden.

Dennoch ist es gut, in die Kindheit zurückzugehen und sich vorzustellen: Was habe ich damals gefühlt, als ich mit den Eltern an Weihnachten in der Kirche war, als die Eltern neben mir in der Kirche gebetet und gesungen haben? Hat gerade ihr Glaube mir Halt gegeben oder Heimat? Denn »Heimat« hat von der Wortwurzel her mit »Geheimnis« zu tun – Heimat findet man dort, wo das Geheimnis wohnt. Weil die Eltern offen waren für das Geheimnis, haben die Kinder sich bei ihnen daheim gefühlt. Natürlich muss man die kindlichen Erfahrungen mit dem heutigen Verstand, mit dem heutigen Wissen anschauen: Was war nur Einbildung? Was habe ich nur getan, weil ich es musste? Was hat mich damals wirklich berührt? Und wenn ich heute in mich hineinschaue, auf was stoße ich da? Auf meine Lebensgeschichte oder ahne ich, dass auf dem Grund meiner Seele etwas ist, das mich übersteigt, ein Geheimnis, das größer ist als ich?

Eine Hilfe für alte Menschen, wieder zum Glauben zu finden, kann es sein, Lieder aus dem Gesangbuch oder der Tradition zu singen oder einzelne Psalmen nochmals zu lesen und sich zu fragen: Wenn diese Worte stimmen, wie fühle ich mich dann? Oder einen ganzen Tag lang so zu tun, als ob dieses Psalmwort – zum Beispiel: »Der Herr ist mein Hirte. Nichts wird mir fehlen« – stimmt. Dann kann man sich fragen: Wie erlebe ich den Tag? Vielleicht ist es dann möglich, darauf zu hoffen, dass das Wort wirklich stimmt, darauf zu vertrauen, dass unzählige Menschen diesem Wort getraut haben. Eine andere Idee: Wenn man das »Vaterunser« spricht, kann man sich vorstellen, dass die eigenen Eltern und Großeltern und viele Menschen vor ihnen mit diesem Gebet ihr Leben bewältigt haben. Dann hat man beim Gebet Anteil an den eigenen Wurzeln, Anteil an der Lebenskraft und Glaubenskraft der Vorfahren.

Gerade im Alter kommt es vielen Menschen entgegen, wenn es nicht mehr um komplizierte theologische Denkgebäude geht. Sie sehnen sich eher nach einer Liturgie, der sie folgen können, die sie verstehen, mit der sie sich nicht überfordert fühlen. Einfache Rituale wie das Beten des Vaterunsers, die auch ihr Unbewusstes berühren, Bilder und Symbole, die sie verstehen, Lieder, die sie an früher erinnern und Geborgenheit schenken, und Stille, in der sie sich selbst spüren, können ein Weg sein, die heilsame Wirkung des Glaubens wieder zu spüren.

Es ist jedoch wichtig, auch die Zweifel zuzulassen, sich damit auseinanderzusetzen, was wäre, wenn man sich vorstellt, dass alles Transzendente nur auf einer Einbildung beruht. Vielleicht kommt man zu der Erkenntnis, dass dann das Leben an sich und die Welt absurd wären, und es steigt tief aus der Seele die Sehnsucht auf: Ich will der Bibel trauen. Ich traue den Heiligen und ihrem Leben. Der Glaube ist eine Entscheidung, die man immer wieder neu auf dem Hintergrund seiner Zweifel treffen muss. Gerade im Alter ist das wichtig. Doch wir sollten uns immer daran erinnern, dass der Glaube Gott nicht festlegt, sondern uns öffnet für das Geheimnis, das jenseits aller Worte und Bilder ist.

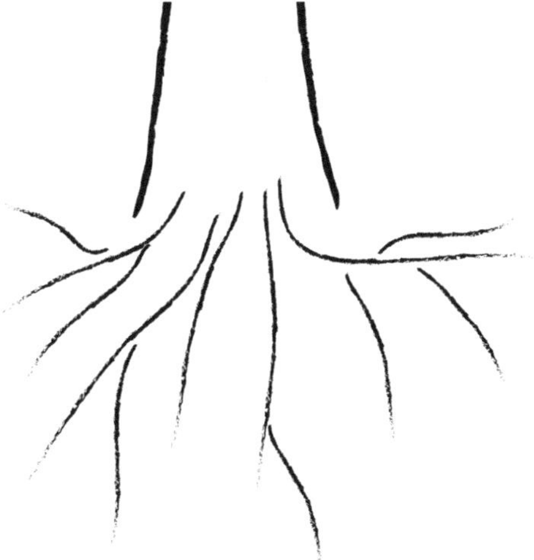

5. Übungen

Stammbaum 15

Glaube hat viel mit Wurzeln zu tun.
Zeichnen Sie daher Ihren Stammbaum mit all den Vorfahren, die Ihnen einfallen.

› Welche Erinnerungen haben Sie an Ihre Vorfahren? Aus welchem Glauben heraus haben sie gelebt?

› Wie hat ihren Vorfahren der Glaube geholfen, ihr Leben zu meistern? Schreiben Sie Erinnerung an die Vorfahren und ihren Glauben auf.

Wenn Sie diese Übung in einer Gruppe machen, können Sie miteinander über Ihre Familiengeschichte sprechen und darüber, wie der Glaube die Familie geprägt hat. Sie können auch die Teilnehmenden bitten, Bilder aus dem Familienalbum mitzubringen und sie den anderen zu zeigen.

Das ist mein Glaube 16

Schreiben Sie Ihre Glaubensgeschichte auf. Stellen Sie sich dazu folgende Fragen:

- › Welche Rolle spielt der Glaube in meinem Leben? Hilft er mir bei Schwierigkeiten? Wie hat sich mein Glaube im Lauf meines Lebens gewandelt?
- › Welche Bibeltexte haben mich berührt? Welche Menschen haben mich mit ihrem Glaubenszeugnis beeindruckt? Welche religiösen Lieder singe ich gerne? Warum sprechen mich diese Lieder an? Welche Feste des Kirchenjahres liebe ich? Was sagen sie mir? Kann ich daran glauben, was diese Feste zum Ausdruck bringen oder ist es nur die schöne Erinnerung?
- › Was trägt mich wirklich in meinem Leben? Was bedeutet mir mein Glaube heute?

Singen berührt

[Leichtere Übung] Singen Sie mit den Teilnehmenden Lieder aus der Tradition, zum Beispiel »Segne du, Maria« oder »Nun danket alle Gott«. Fragen Sie dann in die Runde: Wann und bei welchen Gelegenheiten haben Sie dieses Lied gesungen? Hat es Sie damals berührt? Welche Gefühle löst das Lied bei Ihnen aus? Welche Erinnerungen kommen in Ihnen hoch, wenn Sie dieses Lied heute singen? Erinnern Sie sich an Menschen in Ihrer Nähe, die dieses Lied voller Inbrunst gesungen haben?

6. Tugenden

---

1. Ziel des Kapitels

Das Ziel des Kapitels ist es, den alten Begriff der Tugenden wieder neu zu füllen und gerade für das Alter neu zu entdecken. Tugenden helfen uns, das Alter zu bewältigen. Sie sind eine Quelle von Kraft für unser Leben und gleichzeitig ist es auch in diesem Lebensalter eine Herausforderung, uns auf den Weg zu machen, um sie zu erreichen. Tugenden sind Werte, die unser Leben wertvoll machen und unsere Würde schützen. Unsere Aufgabe ist es, uns daran zu erinnern, dass sie schon in uns sind und daraus zu leben.

2. Zum Einstieg

Kennen Sie Menschen, bei denen Ihnen ihre Tugenden aufgefallen sind? Wie haben die Tugenden diese Menschen geprägt? Welche Tugenden haben diese Menschen gelebt? Was hat Sie an diesen Menschen fasziniert? Welche Tugend ist Ihnen vor allem in den Blick gekommen?

3. Fallbeispiel

Ein Mönch strahlte in seinem Alter Liebe aus. Wenn man ihm begegnete, sprach er einen immer liebevoll an und erkundigte sich, wie es einem gehe. Er konnte gut allein sein und setzte sich oft lange in die Kirche, um zu beten. Als Elektriker hatte er die Mitbrüder und die Angestellten im Kloster gut kennengelernt. Aber er hat nie über jemanden geurteilt. Er versuchte, jeden zu verstehen mit seinen Nöten und nahm die Nöte der Mitmenschen in sein Gebet auf. So fühlte er sich im Alter mit vielen Menschen im Gebet verbunden.

4. Entfaltung des Themas

Im Alter gibt es einige Tugenden, die unserer Ansicht nach besonders wichtig sind, um ein gutes Leben führen zu können. Daher möchten wir hier etwas genauer auf diese eingehen.

Gelassenheit

Gelassenheit hat mit Loslassen zu tun. Ich lasse mein Leben und mich selbst los, um mich ganz Gott zu überlassen. Dann kann ich gelassen leben. Ich kann die Dinge sein lassen, wie sie sind. Ich kann auch die Menschen gelassen annehmen, ohne mich ständig über sie aufzuregen. Wenn man als alter Mensch gelassen auf sein eigenes Leben schaut und sich nicht resignierend, sondern voll Vertrauen dem Alter überlässt, kann man auch die Menschen sein lassen, wie sie sind. Von Menschen, die gelassen sind, geht etwas aus, das andere anzieht. Denn in ihrer Nähe dürfen sie mit ihrer Unzulänglichkeit und Brüchigkeit sein, ohne beurteilt oder gar verurteilt zu werden.

Gelassen ist nur der, der in seiner Mitte ruht. Wir lassen uns jedoch immer wieder aus unserer Mitte herausreißen. Wir regen uns über Kleinigkeiten auf. Wir sind in Gedanken immer bei den anderen und lassen uns von ihnen bestimmen. Wer gelassen in seiner Mitte ruht, der kann auch gelassen auf die Andersartigkeit der Menschen schauen. Er nimmt sie wahr, ohne sie zu beurteilen. Er lässt sie so sein, wie sie sind, und freut sich an ihrem Anderssein. Wer keine Mitte hat, der lässt sich von jedem Menschen in eine andere Richtung drängen. So fühlt er sich bald zerrissen, hin und her gezerrt zwischen den Meinungen, Erwartungen und Urteilen anderer. Gelassenheit verlangt, mein Ego loszulassen und so zu meinem wahren Selbst zu gelangen, in meine Mitte zu kommen und die anderen dort zu lassen, wo sie sind, sie so zu lassen, wie sie sind.

Geduld

Die Tugend der Geduld ähnelt in manchem der Gelassenheit. Der gelassene Mensch ist immer auch geduldig. Und doch meint Geduld noch etwas anderes. Im Griechischen heißt Geduld hypomone. Das bedeutet eigentlich: darunterbleiben, etwas tragen, etwas ertragen, etwas aushalten, standhalten. Die Geduld ist wie eine Säule, die das Leben trägt. Sie gilt als die Tugend der Weisen. Gregor der Große nennt sie die Wurzel und Wächterin aller Tugenden.

Geduld bedeutet, dass ich einen anderen ertrage mit seinen Fehlern und Schwächen. Das ist nicht immer einfach und manchmal auch mit Leiden verbunden. Daher heißt sie im Lateinischen *patientia*, was mit *pati* = leiden zusammenhängt. Geduld meint also, dass ich am anderen leide. Aber trotzdem stehe ich zu ihm. Ich lasse ihn gelten. Ich nehme ihn an, wie er ist. Geduld ist vor allem die Tugend des Miteinanders. Damit Gemeinschaft gelingt, braucht es Geduld. Benedikt fordert seine Mönche auf: »Sie sollen einander in gegenseitiger Achtung zuvorkommen; ihre körperlichen und charakterlichen Schwächen sollen sie mit unerschöpflicher Geduld ertragen« (RB 71,4f).

Das spielt gerade im Alter eine große Rolle. Damit man miteinander in Frieden leben kann, bedarf es der Geduld. Alte Menschen können sich nicht mehr ändern. Sie müssen einander annehmen, wie sie sind. Doch auch die Jüngeren in der Familie brauchen Geduld. Zum Beispiel mit dem Vater, der immer ein Vorbild an Disziplin war. Doch nun lässt er sich gehen. Seine Tischmanieren lassen zu wünschen übrig. Wenn die Jüngeren nun aber ständig an ihm herumkritisieren, verletzt ihn das nur. Dann übersehen sie auch, dass er vielleicht selbst darunter leidet, dass er seine Hand nicht mehr ruhig halten kann. Geduld trägt den anderen. Er fühlt sich getragen und gehalten, weil er auch mit seinen Schwächen sein darf. Das schenkt ihm mitten in seiner Gebrochenheit Geborgenheit und Halt.

Geduld muss ein alter Mensch aber vor allem auch mit sich selbst haben. Zum Beispiel, wenn ihm manches nicht mehr auf Anhieb gelingt. Geduld kommt im Alter nicht von allein. Ganz im Gegenteil: Es gibt viele alte Menschen, die sich durch besondere Ungeduld auszeichnen. Sie meinen, sie müssten beim Arzt oder im Supermarkt gleich bedient werden. Sie können nicht mehr warten. Was aber hilft, Geduld zu lernen, ist Humor. Alte Menschen, die ihre Schwächen wahrnehmen und darüber lachen können, erleichtern es auch ihrer Umgebung, mit ihnen umzugehen.

Humor

Humorlose Menschen sind nur schwer zu ertragen – und gerade im Alter ist eine Prise Humor so etwas wie das Salz in der Suppe des Lebens. Wenn man dann über sich und seine Missgeschicke, Fehler und Vergesslichkeiten lachen kann, bekommt das Alter etwas Leichtes. Die Psychologie sagt, dass das Lachen immer eine gewisse Überlegenheit zum Ausdruck bringt. Wenn ich über einen Fehler lache, dann schäme ich mich nicht. Im Lachen bekomme ich Abstand dazu und fühle mich dem Missgeschick überlegen. Das tut gut und schafft innere Freiheit. Natürlich gibt es auch andere Formen des Lachens: Lachen aus Verlegenheit oder auch das Auslachen, vor dem Benedikt in seiner Regel warnt. Doch Humor hat nichts mit dem Witzemachen über andere zu tun, womit ich andere oft verletze. Der amerikanische Soziologe Peter L. Berger nennt den Humor ein Zeichen der Transzendenz. Im Humor übersteige ich die manchmal triste Wirklichkeit. Ich sehe sie von einer höheren Warte aus und lasse mich von den Problemen nicht niederdrücken. Von Otto J. Bierbaum, einem deutschen Schriftsteller, stammt der Satz: »Humor ist, wenn man trotzdem lacht.« Gerade eine schwierige Situation übersteigen wir durch das Lachen. Somit führt das Lachen über das Leben zur spirituellen Bewältigung all dessen, was uns sonst belasten würde.

Sanftmut

Für den Wüstenvater Evagrius Ponticus ist die Sanftmut ein Kennzeichen des wahrhaft spirituellen Menschen und gerade im Alter eine Tugend, die einen Menschen krönt. Wer sanft ist gegenüber den Menschen und den Dingen um sich herum, der zieht andere an. Sanftmut ist von der Wortbedeutung her der Mut, alles, was in mir ist, zu sammeln. Ich schließe nichts aus, was mein Leben ausmacht. Ich nehme die verschiedenen Bereiche meiner Seele, die verschiedenen Teilpersönlichkeiten in mir an und sammle sie. Alles gehört zu mir und formt mich zu dem, der ich jetzt bin.

Wer den Mut hat, alles in sich zu sammeln und Gott hinzuhalten, der wird wahrhaft sanftmütig, von dem geht etwas Mildes aus. Er vermittelt auch anderen den Mut, alles in sich zuzulassen und zu sammeln. In seiner Nähe entdecken sie ihren eigenen inneren Reichtum. Sanftmütige alte Menschen ziehen andere an, man unterhält sich gerne mit ihnen. Mit harten und unbarmherzigen Alten dagegen, die über alle und alles schimpfen und streng urteilen, möchte man nichts zu tun haben. Sie zeigen, dass ihre Spiritualität sie nicht wirklich verwandelt hat. Evagrius Ponticus verweist uns auf Mose, von dem die Schrift sagt, er sei sanftmütiger als alle Menschen gewesen. Und er verweist auf Jesus, der von sich sagt: »Lernt von mir, denn ich bin sanftmütig und demütig von Herzen« (Mt 11,29). Der Sanftmütige richtet nicht. Er nimmt den anderen an, wie er ist, weil er alles, was er in sich erfahren hat, angenommen und in sich gesammelt hat.

Freiheit

Eine weitere Tugend, die man im Alter einüben muss, ist die Freiheit. Vielen gelingt dies aber nun auch leichter als in der Zeit ihrer Berufstätigkeit, denn nun haben sie es nicht mehr nötig, sich nach den Erwartungen anderer zu richten. Sie dürfen frei ihre Meinung sagen und brauchen sich nicht mehr zu beweisen. Sie dürfen sagen, was sie denken und fühlen und müssen nicht mehr so viel Rücksicht nehmen auf das, was andere denken oder erwarten. Diese Unabhängigkeit führt zu einer größeren Freiheit.

Die Freiheit ist im Alter aber nicht selbstverständlich. Wir kennen auch das Gegenteil: Menschen erstarren, werden stur. Wir sprechen vom Altersstarrsinn, der als einziger »Sinn« immer besser statt schwächer wird. Um diesem nicht zu verfallen, braucht es die Einübung in die Freiheit. Wer sich als alter Mensch von den Erwartungen anderer löst, der erfährt die Freiheit als Weg zu innerer Unabhängigkeit, Zufriedenheit und Glück. Er hat sich befreit von jedem Druck, irgendjemandem etwas beweisen zu müssen. Er hat es auch nicht mehr nötig, seine eigene Kraft unter Beweis zu stellen. Er erlaubt es sich selbst, so zu sein, wie er ist.

Diese Freiheit spürt man in manchen Seniorenrunden. Hier können sie sich in aller Ehrlichkeit ihr Leben erzählen. Sie sind frei von dem Druck, sich beweisen zu müssen. Sie sind einfach da und leben und haben es nicht mehr nötig, sich in Szene zu setzen. Sie sind frei, den anderen zuzuhören, und nehmen in sich auf, was sie erzählen, ohne es zu beurteilen. Sie erwägen es in ihrem Herzen und versuchen es zu verstehen. Solche frei gewordenen alten Menschen tun der Gesellschaft gut.

Dankbarkeit

Wir werden das Altwerden nur dann gut meistern, wenn wir die Tugend der Dankbarkeit lernen. Wer immer unzufrieden bleibt und das Gefühl hat, in seinem Leben zu kurz gekommen zu sein, der wird nie genießen können, wer er geworden ist. Er kann seine Erinnerung nicht dankbar genießen. Und er kann sich auch über den Augenblick nicht wirklich freuen. Das deutsche Wort »danken« hat die gleiche Wortwurzel wie »denken«: Der Dankbare denkt mit dem Herzen. Er nimmt wahr, was ihm täglich geschenkt wird. Undankbare Menschen sind unangenehme Menschen. Mit ihnen möchte man am liebsten nichts zu tun haben, weil man sich in ihrer Nähe unwohl fühlt. Man hat das Gefühl, dass man es ihnen nie recht machen kann. Von ihnen geht eine negative und destruktive Stimmung aus.

Im Alter ist die Dankbarkeit vor allem mit der Erinnerung verbunden. Wer sich dankbar an das erinnern kann, was er erlebt hat, der ist zufrieden. In der dankbaren Erinnerung bleibt ihm das Schöne und Gute, das er erlebt hat, als innerer Schatz, den ihm niemand rauben kann. Wer sich dankbar erinnert, kann sein Alleinsein genießen und hat immer etwas, wofür er danken kann, auch wenn es ihm gerade nicht gutgeht und Krankheiten ihn bedrücken. Denn auch dann ist er dankbar für das, was ihm heute geschenkt wird: dass er aufstehen kann, dass er mit anderen sprechen kann, dass die Sonne scheint und dass seine Kinder und Enkelkinder einen guten Weg gehen.

Liebe

Die Liebe ist für uns Christen die wichtigste Tugend. Manche alten Menschen strahlen Liebe aus. Sie lieben nicht nur diesen oder jenen Menschen. Sie sind Liebe geworden. Sie geht von ihnen aus zu jedem, dem sie begegnen, aber wird auch dann spürbar, wenn sie still dasitzen. Ihr Gesicht ist alt und zerfurcht. Und doch ist es voller Liebe. Da ist nichts Verurteilendes und Bewertendes an ihnen. Sie schauen alle mit Liebe an. Weil sie in ihrem Leben viel geliebt haben und weil sie ihr eigenes Leben zu lieben gelernt haben, sind sie nun zur Liebe geworden.

Manchmal sagen alte Menschen: Liebe ist anstrengend. Ich kann einfach nicht jeden Menschen lieben. Da kann es helfen, das Hohelied der Liebe im Korintherbrief zu lesen (1 Kor 13). Hier wird die Liebe nicht in erster Linie als moralische Forderung verstanden und auch nicht als Gefühl oder Zuneigung. Sie zeigt sich vielmehr in ganz bestimmten Verhaltensweisen.

Paulus schreibt: »Die Liebe ist langmütig.« Wer also ein weites Herz hat, die Menschen nicht kleinkariert beurteilt, der darf für sich beanspruchen, dass er in der Liebe ist, dass er liebt. »Die Liebe ist gütig«, heißt es hier. Wer an das Gute im Menschen glaubt, wer ihn nicht festlegt auf sein Äußeres oder das, was er anderen Menschen gegenüber zeigt, der liebt schon. »Die Liebe ereifert sich nicht«: Wer die Mitmenschen ohne Neid und ohne Eifersucht betrachtet, der liebt sie schon. »Die Liebe prahlt nicht«: Sie drückt sich darin aus, dass man nicht ständig um sich selbst kreist und seine Leistungen anpreist, sondern offen ist für seine Mitmenschen, was sie zu erzählen haben. »Die Liebe bläht sich nicht auf«: Sie hat es nicht nötig, sich großzumachen und ein großartiges Bild von sich zu zeichnen. »Die Liebe handelt nicht ungehörig«: Das griechische Wort, das hier im Originaltext steht, ist in der stoischen Philosophie beliebt. Es meint ein taktvolles Verhalten, letztlich Anstand. Das deutsche Wort Anstand bedeutet, dass ich stehen bleibe und den anderen sein lasse, wie er ist, anstatt ihm zu nahe zu kommen und seine Grenze zu überschreiten. »Die Liebe sucht nicht ihren Vorteil«: Das bedeutet nicht, dass sie völlig selbstlos, nur für den anderen da ist. Die Liebe meint den anderen. Aber zugleich erfahren wir, dass die Liebe auch uns etwas bringt. Es tut uns gut, wenn wir gerecht zu anderen sind. Dann werden sie auch uns gerecht behandeln. »Die Liebe lässt sich nicht zum Zorn reizen«: Wer also in seiner Mitte bleibt und sich von kritischen oder verletzenden Worten nicht zum Zorn reizen lässt, der ist schon in der Liebe, der liebt schon. »Die Liebe trägt das Böse nicht nach«: Das ist auch eine Kunst, die gerade für alte Menschen wichtig ist: nicht nachtragend zu sein, sondern versöhnlich, damit man selbst versöhnt sein kann. Das ist schon Liebe. »Sie freut sich nicht über das Unrecht, sondern an der Wahrheit«: Sie kennt keine Schadenfreude. Liebe hat immer mit Wahrheit zu tun. Wenn ich in Berührung mit der Wahrheit bin, wenn mir die Wahrheit wichtig ist, dann ist das schon Liebe. »Die Liebe erträgt alles«: Sie lässt niemanden im Stich, versucht immer wieder, Kontakt aufzunehmen, da zu sein, selbst wenn sie auf Ablehnung stößt. »Die Liebe glaubt alles«: Die deutsche Sprache verbindet glauben und lieben, denn beide Wörter haben die gleiche Wurzel: *liob* = gut. Glauben bedeutet, das Gute im anderen zu sehen. Und lieben, den anderen gut zu behandeln. Die Voraussetzung der Liebe aber ist, dass ich an den guten Kern in jedem Menschen glaube. »Die Liebe hofft alles«: Sie gibt niemanden auf. Sie hofft, dass das Gute immer stärker ist. Liebe und Hoffnung hängen also eng zusammen. »Die Liebe hält allem stand«: Sie ist wie ein Fundament, das alles zusammenhält und trägt. Die Liebe lässt sich nicht so leicht erschüttern. Sie hält auch schwierigen Situationen stand.

Wer diese Verhaltensweisen zu verwirklichen versucht, der wird erfahren, dass sich Menschen in seiner Nähe wohlfühlen. Es geht nicht um eine Liebe, die vereinnahmt, sondern die freilässt, eine Liebe, die Geborgenheit vermittelt, Verständnis und die Freiheit, der zu sein, der ich bin. Ein alter Mensch, von dem Liebe ausstrahlt, ist ein Segen für die Welt.

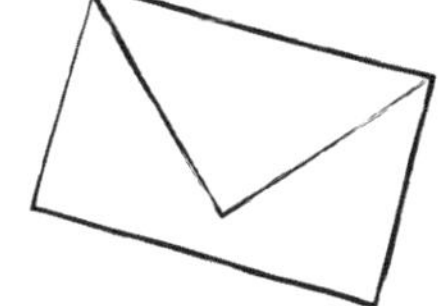

Brief in die Vergangenheit 17

Schreiben Sie einem Ihrer Vorfahren (Großmutter oder Großvater oder Onkel oder Tante) oder einem alten Menschen, den Sie besonders mögen, einen Brief. Schreiben Sie ihm, warum Sie ihn mögen und welche Tugend Sie an ihm besonders fasziniert hat. Schreiben Sie ihm, welchen Einfluss er auf Sie und Ihr Leben hatte.

Dann überlegen Sie sich: Jetzt bin ich selbst alt geworden. Habe ich vielleicht Ähnlichkeit mit diesem Menschen, den ich immer besonders mochte?

Luftballons 18

Zeichnen Sie auf ein Blatt sechs große Ballons in unterschiedlicher Größe.

Schreiben Sie in den größten Ballon die Tugend hinein, die Sie vor allem zu leben versucht haben.

Und überlegen Sie, welche Tugenden Sie in die kleineren Ballons schreiben möchten. Dann stellen Sie sich vor, dass Sie mit dem Ballon in die Luft fliegen. Welche drei Menschen möchten Sie in den Ballon einladen? Und warum gerade diese drei Menschen?

»Humor ist, wenn man trotzdem lacht«

Können Sie sich an etwas Peinliches erinnern, das Ihnen passiert ist? Und können Sie sich an Situationen erinnern, in denen Sie darüber herzhaft lachen konnten? Erzählen Sie anderen von einer solchen Peinlichkeit oder einem Missgeschick, das ihnen passiert ist. Wahrscheinlich werden Sie damit auch andere zum Lachen bringen.

Vorbilder

[Leichtere Übung] Fragen Sie die Teilnehmenden: Von wem haben Sie sich als Kind geliebt gefühlt? Von den Eltern, den Großeltern, Onkel und Tanten oder von einem Lehrer, einer Lehrerin? Welche Großmutter und welchen Großvater haben Sie besonders gemocht? Warum? Was haben diese Menschen ausgestrahlt? Stellen Sie sich vor: Sie sind jetzt so alt wie damals diese Großmutter oder dieser Großvater. Was wollen Sie Ihren Enkelkindern oder anderen jüngeren Menschen vermitteln? Strahlt von Ihnen die Liebe aus, die Sie am Großvater, an der Großmutter so genossen haben?

7. Umgang mit Geld und Dingen

---

1. Ziel des Kapitels

Es geht darum, einen guten Umgang mit Geld und Dingen wie Möbel, Sammlungen oder auch Haus und Grundstück zu lernen. Denn indem wir Dinge wie Geld und Besitz gut regeln, bringen wir auch Ordnung in unsere Lebensgeschichte und in unsere Beziehungen. Zudem geht es darum, innere Freiheit gegenüber Geld und Dingen zu erlangen. Nur wenn wir ihnen gegenüber innerlich frei sind, können diese Dinge zum Segen für die Menschen in unserer Umgebung werden.

2. Zum Einstieg

Überlegen Sie, welche Dinge Sie wirklich brauchen und welche Sie nur aufheben – aus nostalgischen oder welchen Gründen auch immer. Wie fühlen Sie sich in Ihrer Wohnung? Ist alles vollgestellt? Hat Ihr Sammeln von Dingen schon einmal einen Konflikt mit Ihren Kindern ausgelöst? Haben Sie schon einmal berechnet, wie viel Geld Sie für einen Monat brauchen? Führen Sie darüber Buch, wie viel Sie wirklich brauchen, oder haben Sie nur ständig das Gefühl, dass das Geld nicht reicht? Fühlen Sie sich innerlich frei gegenüber dem Geld und den Dingen oder hängen Sie daran?

3. Fallbeispiele

Ein pensionierter Beamter nahm sich die Zeit und berechnete genau, wie viel Geld er jeden Tag für den täglichen Bedarf wie Lebensmittel, Medikamente, Verkehrsmittel usw. braucht. Aus seiner Berechnung ergab sich, dass er tatsächlich noch Geld übrig hatte für Reisen und kulturelle Veranstaltungen sowie Restaurantbesuche und auch für Spenden an bedürftige Menschen.

Eine Frau erzählte, dass sie sich nach der Pensionierung eine eigene Wohnung genommen hatte. Sie ließ sich von ihrem Mann nicht scheiden, aber sie konnte nicht mehr mit ihm zusammenleben. Denn ihr Mann hatte die ganze Wohnung mit Magazinen, Büchern und Zeitungen vollgestellt, von denen er sich einfach nicht trennen konnte. Er meinte, das sei alles wichtig, sie erinnerten ihn an seine Jugend und das Leben, das hinter ihm lag. Seine Frau konnte das nicht mehr ertragen. Sie spürte, dass diese Sammelleidenschaft Zeichen einer psychischen Krankheit war.

4. Entfaltung des Themas

Damit das Altwerden gelingt, braucht es einen guten und überlegten Umgang mit meinem Besitz und mit dem Geld. Bei den Dingen, die ich gesammelt habe, sollte ich mich fragen: Warum habe ich all das behalten? Gibt es mir Sicherheit? Viele Menschen haben Angst, dass ihnen etwas fehlen könnte. Sie denken: Vielleicht kann ich das noch einmal brauchen. Für andere sind die vielen Gegenstände und Bücher wichtig, weil sie sie an wichtige Erlebnisse in ihrem Leben erinnern. Dann sollte man sich ebenfalls überlegen: Kann ich mich an die schönen Erlebnisse nicht auch erinnern, wenn ich die Dinge loslasse und aussortiere? Die Erinnerung ist ja nicht daran gebunden. Die Erinnerung ist etwas im Kopf und im Herzen. Daher sollte ich mir überlegen: Was möchte ich jetzt schon an andere Menschen weitergeben? Ich gebe dann nicht nur die Dinge weiter, sondern auch die Erinnerung. Ich kann anderen erzählen, woran sie mich erinnern. Dann werden sie vielleicht auch für sie wertvoll. Es geht beim Umgang mit den Dingen nicht nur um das Loslassen, sondern auch um das Teilen und Verschenken. Wenn ich etwas verschenke, was mir wichtig ist, bekommt es auch für den, dem ich es schenke, eine Bedeutung. Nach meinem Tod verlieren viele Sachen ihre Bedeutung für andere.

Doch es gibt auch viele Dinge, die noch in Schränken und Kammern liegen, die man einfach wegwerfen kann. Bei der Frage, was ich aussortieren soll, kann ich die Gegenstände in die Hand nehmen und sie mir unter folgenden Gesichtspunkten anschauen:

1. Ich werfe weg, was kaputt ist, was nicht mehr zu gebrauchen ist.

2. Ich werfe weg, was ich nicht mehr brauche. Viele Menschen haben Dinge in ihren Schränken, die früher viel benutzt wurden, zum Beispiel große Kochtöpfe oder einen Entsafter oder Kinderspielzeug. Doch mit dem Alter ändern sich auch die Gegenstände, die wir benutzen. Daher kann man das, was jetzt überflüssig geworden ist, getrost weggeben oder wegwerfen.

3. Ich werfe weg, was nicht mehr zu mir gehört. Das können zum Beispiel Sportgeräte sein, die ich nie mehr benutzen werde, oder die Überbleibsel von Hobbys, die ich längst aufgegeben haben. Es können aber auch Dinge sein, die andere in meinem Haus abgestellt haben, weil sie in ihren Wohnungen keinen Platz dafür hatten.

4. Ich werfe Dinge weg, die eine ähnliche Funktion haben wie ein anderer Gegenstand, den ich noch benutze. Ich brauche keine drei verschiedenen Korkenzieher, auch wenn der eine besonders schön, der zweite besonders praktisch und der dritte ein Geschenk war. Ich brauche auch keine zwanzig Dosen zum Einfrieren in verschiedensten Größen oder drei verschiedene Services. Das füllt nur die Schränke und bleibt unbenutzt. Gerade hier ist es sinnvoll, zu sortieren, solange man noch gesund ist und das selbst tun kann. Dann kann man sich auch ganz bewusst für die Dinge entscheiden und das, was einem lieb ist, behalten.

Ein anderes wichtiges Thema ist Geld. In vielen Familien wird darüber nicht gesprochen. Doch gerade im Alter ist es wichtig, sich bewusst zu machen, was man besitzt und was man braucht und wofür man es ausgeben will und kann. Es ist sicher wichtig, dann das Gefühl zu haben: Es reicht, ich muss mir keine Gedanken machen, jetzt in Armut leben zu müssen. Aber zugleich brauchen wir die innere Freiheit dem Geld gegenüber. Wir dürfen uns nicht davon bestimmen lassen. Manche können im Alter das Geld nicht loslassen. Es wird zu ihrem Statussymbol. Ihren einzigen Wert sehen sie darin, wie viel sie davon haben. Doch das Geld sollte immer dem Menschen dienen, also nur Mittel zum Zweck sein, nie Selbstzweck. Daher ist es wichtig, sich zu fragen: Wem soll mein Geld dienen? Möchte ich etwas Gutes damit für meine Familie oder auch für andere Menschen tun?

Manche versuchen im Alter, mit Geld die Beziehungen zu kontrollieren oder sich Beziehungen zu erkaufen. Sie geben demjenigen Geld, der sich um sie kümmert. Oder sie werben mit dem Geld um eine enge Beziehung zu ihren Kindern oder zu Freunden. Daher braucht es im Umgang damit drei Haltungen:

1. Geld soll den Menschen dienen. Ich kaufe mir nicht Menschen, sondern ich diene den Menschen mit meinem Geld.

2. Ich kann kreativ mit Geld umgehen, damit es sich vermehren kann. Dabei sollte ich aber immer auch ethische

Maßstäbe berücksichtigen und mein Geld nachhaltig anlegen.

3. Ich soll innerlich frei sein gegenüber dem Geld. Wer gierig oder ängstlich ist, wird es entweder horten oder aber durch seine Gier verlieren.

Eine wichtige Frage in diesem Zusammenhang ist die Frage des Vererbens. Viele alte Menschen schieben das Verfassen eines Testamentes immer wieder auf. Sie denken, das hätte noch Zeit. Aber es ist gut, sich rechtzeitig Gedanken zu machen, wie das Vermögen an die Erben verteilt werden soll. Dabei soll man sich frei fühlen und sich nicht von anderen beeinflussen lassen, sonst wird es nach dem Tod Erbschaftsstreitigkeiten geben.

Es ist nicht immer einfach, das Erbe gerecht zu regeln. Denn es geht dabei nie nur um das Geld, sondern immer auch um die Rivalität der Geschwister oder anderer Verwandter und Freunde untereinander. Sie fragen sich, wer der Liebling des Verstorbenen war, wer bevorzugt worden ist.

Es geht bei den finanziellen Dingen aber nicht nur um die Frage der Erbschaft. Manche alten Menschen haben Angst, dass ihnen im Alter das Geld ausgeht, dass sie die Pflege nicht bezahlen können, dass sie allein bleiben mit ihrer Krankheit, dass sie niemand pflegen wird. Daher müssen auch die finanziellen Fragen geregelt werden: Wer pflegt die Betroffenen? Wer zahlt das Geld, wenn sie in ein Pflegeheim kommen? Oft können alte Menschen nur noch schwer mit Geld umgehen. Daher sollen sich die Verwandten oder Betreuenden darüber einigen, wer die Konten verwaltet und dafür sorgt, dass die nötigen Zahlungen getätigt werden. Ich erlebe es häufig, dass in den Familien die Frage der Finanzen sehr emotional besetzt ist. Man kann all das nicht nüchtern regeln. Da tauchen sofort Gefühle von Neid oder Benachteiligung auf. Daher ist es wichtig, in einer guten Atmosphäre über diese heiklen Fragen zu sprechen und sie nüchtern und klar zu regeln.

5. Übungen

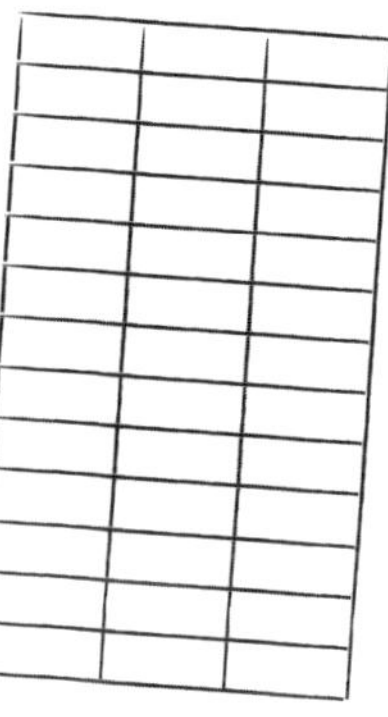

Den Überblick behalten 19

Erstellen Sie eine Tabelle, in der Sie die Einnahmen und Ausgaben eines Monats eintragen und dann auf die übrigen hochrechnen. Ein Arbeitsblatt kann Ihnen dabei helfen, eine genaue Tabelle zu machen für die Einnahmen und Ausgaben.

Inventur 20

Nehmen Sie sich ein Schreibheft und machen Sie so etwas wie einen gesamten Kassensturz: Wie viel Geld habe ich auf dem Konto, wo habe ich noch Schulden oder einen Kredit abzubezahlen? Welche Versicherung bezahle ich monatlich oder jährlich, wie hoch ist der Beitrag? Welche anderen monatlichen Abbuchungen fallen an? Welche Wertpapiere habe ich? Welchen Wert haben sie zur Zeit? Welche anderen Werte habe ich in meinem Besitz – Haus und Grund, Schmuck, eine Kunstsammlung, andere Wertgegenstände?

Erinnerungsfoto

Diese Übung kann man gut in einer Gruppe machen, aber sie braucht Vorbereitung. Bitten Sie die Teilnehmenden, wichtige Gegenstände aus ihren Schränken zu nehmen und sie zu fotografieren. Lassen Sie sie diese Fotos mit in die Gruppe bringen und sie einander erzählen, warum diese Dinge für sie wichtig sind. Wenn jemand zum Beispiel ein Kleid der Mutter fotografiert hat, das für seine Erinnerung an sie wichtig ist, können Sie vielleicht vorschlagen, dass er es nun mit gutem Gewissen wegschenken kann, weil er die Erinnerung nun durch das Foto festgehalten hat.

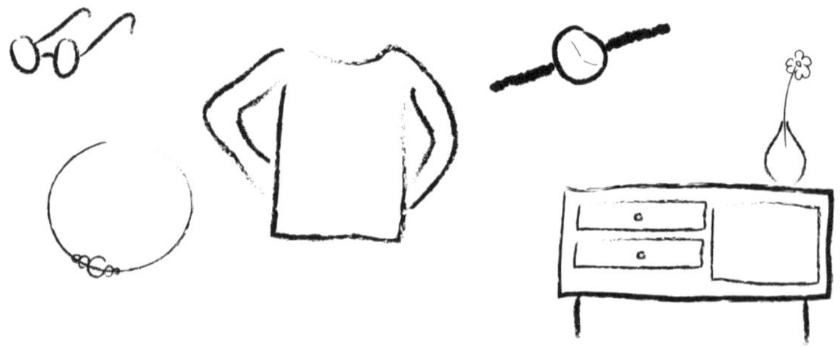

Eine gute Übung könnte sein: Man bereitet Zettel vor. Auf die einen schreibt man: »Wegwerfen«, auf die andern: »Verschenken an ...« Dann geht man gemeinsam mit dem Partner und/oder mit den Kindern durch die Wohnung. Man betrachtet gemeinsam alles, was sich auf und in den Schränken befindet und überlegt, auf welche Dinge man den Zettel »Wegwerfen« kleben kann und auf welche »Verschenken an ...«. Man sollte sich dafür Zeit lassen. Man muss nicht alles an einem Tag erledigen. Man kann auch am nächsten Tag Zettel wieder wegnehmen oder austauschen, wenn man es sich anders überlegt hat. Wenn dann alles aussortiert ist, erledigt man selbst oder mithilfe des Partners, der Kinder, der Freunde diese Dinge wie geplant. Das kann ein schönes gemeinsames Familienritual sein, das letztlich allen Freude macht und die Angst vor dem Loslassen auflöst.

Weiterdenken

[Leichtere Übung] Fragen Sie die Teilnehmenden: Haben Sie schon Ihr Testament geschrieben? Haben Sie es allein verfasst oder hat Ihnen der Notar geholfen? Haben Sie mit Ihren Kindern darüber gesprochen? Ging es friedlich zu oder haben sie darüber gestritten? Fühlen Sie sich frei den Kindern gegenüber? Oder fühlen Sie sich nicht wohl, wenn es um die Erbschaftsfragen geht?

8. Beziehungen

---

1. Ziel des Kapitels

Wir werden nicht allein alt, sondern in Beziehung mit und zu anderen. Daher sollten wir uns auch im Alter Gedanken über unsere Beziehungen machen. Sie sollten mit unserem Alter zusammenstimmen, was bedeutet, dass wir den Umgang miteinander vielleicht verändern oder an neue Gegebenheiten in unserem eigenen Leben und in dem der anderen anpassen müssen. Es geht darum zu lernen, mit unseren Freunden, aber auch mit dem Partner, den Kindern und Enkelkindern gemeinsam alt zu werden und mit ihnen unserem Alter entsprechend umzugehen.

2. Zum Einstieg

Wie erlebe ich die alten Freunde, wie erlebe ich meinen Partner, meine Partnerin jetzt? Ist das Verständnis gewachsen oder entstehen immer mehr Konflikte?

3. Fallbeispiele

Eine Frau erzählte von ihrem Mann, der einen Schlaganfall erlitten hatte, durch den sich sein Wesen verändert hatte. Früher war er verständnisvoll und zärtlich seiner Frau gegenüber. Jetzt war er aggressiv und beschimpfte seine Frau oft. Für sie ist es nicht einfach, sich gegenüber dem aggressiven Verhalten ihres Mannes zu schützen und die verletzenden Worte nicht persönlich zu nehmen, sondern als Ausdruck der Krankheit zu verstehen. Die Beziehung wurde durch die Krankheit anders. Jetzt ist es die Herausforderung für die Frau, sich auf diese veränderte Beziehung einzulassen, ohne sich selbst zu überfordern oder zu verbiegen.

Eine andere Frau erzählte von ihrem Mann, der früher Professor an der Uni und ein liebenswürdiger Mann gewesen war. Aber nun reagiere er auf Kritik oft sehr empfindlich. Er würde dann richtig böse und verletzend. Im Alter kommen Seiten an ihm zum Vorschein, die er als Professor verdrängen konnte. An der Universität galt er etwas. Jetzt wird er mit sich selbst und seinen Altersschwächen konfrontiert. Hier wird ein Minderwertigkeitskomplex sichtbar, dessen Auslöser es war, dass seine etwas jüngere Frau vieles besser bewältigen konnte als er. Gerade für die Frau ist es nicht einfach, ihren Mann so anzunehmen, wie er jetzt ist, mit all den Schattenseiten, die er jahrelang verdrängt hatte.

Eine Großmutter hatte ihr Enkelkind seit seinem siebten Lebensjahr am Wochenende immer zu sich genommen, weil es zu Hause nicht so einfach war und sie ihm diese »Auszeit« schenken wollte. Sie hatte viel Geduld mit dem Jungen, bei dem schon früh ADHS diagnostiziert worden war. Sie konnte sich ihm liebevoller zuwenden als seine Eltern und Lehrer. Sie war wie eine Seelsorgerin für ihn. Den Eltern erzählte sie von den guten Seiten des Jungen. So wurde sie zu einer Brücke zwischen den Eltern und deren Sohn. Der Junge hatte großes Vertrauen in seine Oma. Immer, wenn er sich instabil fühlte, ging er von sich aus zu ihr, um sich zu beruhigen. Seit er sechzehn ist, ist sein Leben im Lot und er hat eine gute Beziehung zu seiner Familie entwickelt – und das nahezu ohne Medikamente. Der Arzt meinte, dass die Oma eine große Rolle für den Jungen gespielt habe. Sie habe ihm mehr geholfen als ein Medikament.

4. Entfaltung des Themas

Wir wollen verschiedene Beziehungen anschauen und überlegen, wie wir sie im Alter leben können.

Partnerschaft

Im Alter wird die Partnerschaft oft auf die Probe gestellt. Nach der Pensionierung ziehen sich viele Männer eher zurück, die Frauen gehen dagegen mehr nach außen. Sie möchten sich weiterbilden, kulturelle Veranstaltungen besuchen, ein Ehrenamt übernehmen, neue Menschen kennenlernen. Männer bekommen dann manchmal

Angst, ihre Frau zu verlieren. Die Frauen entwickeln sich weiter, während die Männer gerne stehenbleiben oder alles so weiter machen möchten, wie sie es gewohnt sind. So kommt es häufig zu einer Ehekrise. Oft erhoffen sich Paare, dass sie nach der Pensionierung mehr Zeit füreinander haben und dass dadurch die Beziehung intensiviert wird. Doch häufig erleben sie eine Enttäuschung. Die Beziehung wird nicht durch mehr gemeinsame Zeit intensiver, sondern nur, wenn man ehrlicher und offener miteinander spricht und gerne miteinander etwas unternimmt: einen Spaziergang, einen Theaterbesuch oder eine Reise.

Wenn ein Partner krank oder gar zum Pflegefall wird, umsorgt und pflegt ihn häufig der gesunde Partner liebevoll. Doch oft überfordern sich die Pflegenden, gehen über ihre eigenen Kraftgrenzen. Damit sie den anderen weiterhin liebevoll pflegen können, müssen sie aber auch für sich selbst sorgen. Sie müssen lernen, die eigenen Grenzen zu akzeptieren und auf ihre Gefühle zu hören. Wenn sie Aggressionen in sich spüren, ist das immer eine Mahnung, für sich selbst gut zu sorgen, mehr Distanz zu finden. Und sich Hilfe von außen zu holen. Nur wenn sie auch auf sich selbst achten, werden sie den anderen noch lange liebevoll pflegen können. Wenn sie sich selbst überfordern, werden sie bei der Pflege bitter und aggressiv. Und das tut ihnen selbst und dem anderen nicht gut.

Es ist eine schwierige Frage für Partner, wie lange sie noch füreinander sorgen können und wann einer oder beide in betreutes Wohnen oder ein Pflegeheim gehen sollen. Es ist verständlich, dass sie so lange wie möglich in ihrer Wohnung, in ihrem Haus bleiben möchten. Aber sie dürfen sich nicht überfordern. Es verlangt Demut, sich einzugestehen, dass man sich allein nicht mehr helfen kann. Der erste Schritt ist, sich Hilfe von außen zu holen: ambulante Pflegekräfte, die täglich kommen. Der nächste Schritt wäre dann, zu überlegen, ob der Weg ins Betreute Wohnen, ein Senioren- oder Pflegeheim dran wäre. Alte Menschen brauchen in solchen Situationen andere, mit denen sie darüber offen sprechen können.

Eine Beziehung bleibt nur lebendig, wenn sie sich wandelt. Wenn die Partner die Beziehung immer so weiterführen wie früher, bleiben sie innerlich stehen. Und sie verletzen sich gegenseitig mit der Erwartung, es müsse immer so bleiben. Nur wenn beide bereit sind, sich der Verwandlung zu stellen, die das Alter mit sich bringt, wird ihre Beziehung immer echter, ehrlicher und liebevoller.

Es kann eine ganz neue und intensive Erfahrung sein, sich gegenseitig dabei zu helfen, kreative und andere Seiten an der Beziehung und an sich selbst zu entfalten. Dann wird die Partnerschaft auch im Alter nicht langweilig.

Beziehung zu den Kindern

Im Alter ist die Beziehung zu den eigenen Kindern oft belastet. Der Grund sind einmal zu hohe Erwartungen an sie. Viele ältere Menschen sagen: »Ich habe alles für meine Kinder getan. Jetzt sind sie dran, mir etwas davon zurückzugeben. Das sind sie mir schuldig.« Manche werden dann bitter, wenn die Kinder das anders sehen oder ihre eigenen Leben haben und wenig Zeit für die Eltern. Kinder schulden ihren Eltern allerdings tatsächlich nichts. Vielmehr muss man als Eltern im Alter darüber nachdenken: Warum habe ich so viel für meine Kinder getan? Es war doch aus Liebe! Liebe ist immer selbstlos. Es kann also nicht sein, dass sie nur gut zu den Kindern gewesen sind, weil sie sich ausgerechnet haben, dass sie dann im Alter all ihre »Investitionen« zurückbekommen. Dann haben sie ihre Kinder nicht geliebt, sondern benutzt. Es ist Aufgabe des alten Menschen, sich selbst zu lieben und allein mit sich zurechtzukommen, sich auszuhalten. Dann bindet er seine Kinder nicht an sich.

Das Problem ist oft, dass Eltern ihren Kindern ein schlechtes Gewissen machen, weil sie sie zu wenig besuchen und zu wenig für sie tun. Doch wenn sie den Kindern diese Vorwürfe machen, kommen sie erst recht seltener. Denn dann wird der Besuch immer mit weiteren Vorwürfen und neuen Erwartungen verbunden sein und die Stimmung dadurch getrübt. Die Kunst im Alter ist, dankbar zu sein für den Besuch der Kinder, sich ehrlich darüber zu freuen, sie dann aber auch wieder loszulassen und das Alleinsein auszuhalten. Gerade Letzteres ist eine wichtige Aufgabe des Alters, denn wenn die alten Eltern gut allein sein können, dann kommen ihre Kinder gerne zu ihnen. Wenn diese aber merken, dass die Eltern sie brauchen, weil sie sich nichts mehr zu sagen haben oder weil die Kinder ihnen ihre Einsamkeit »wegnehmen« sollen, dann ziehen sie sich mehr und mehr zurück. Manche Kinder haben den Eindruck, dass sie die Probleme der Eltern lösen sollen, weil diese nicht fähig sind, miteinander offen zu sprechen.

In jeder Lebensgeschichte gibt es auch Verletzungen zwischen Eltern und Kindern. Oft warten dann beide Seiten auf Versöhnung. Doch keiner traut sich, darüber zu sprechen. Kindern tut es gut, wenn die Eltern sich für das entschuldigen, was sie in der Erziehung vielleicht falsch gemacht oder wo sie die Kinder verletzt haben. Aber auch die Eltern freuen sich, wenn die Kinder sich für manches entschuldigen, was sie den Eltern angetan haben. Es ist nie zu spät, sich zu entschuldigen und sich zu versöhnen. Man sollte die alten Spannungen und Verletzungen lieber früher bereinigen und klären, als nach dem Tod zu bereuen, dass man so vieles in der Beziehung zu den Eltern versäumt hat.

Beziehung zu den Enkelkindern

Die Großeltern können für die Enkelkinder ein Segen sein. Aber nicht immer gelingt das. Es gibt auch ältere Menschen, die hart geworden sind. Dahinter stecken dann oft der Neid und die Enttäuschung über die eigene versäumte Kindheit. Wenn Großeltern gut mit den Enkelkindern umgehen, bleiben sie selbst jung. Dann werden beide füreinander zum Segen. Großeltern können alles, was sie in ihrem Leben erlebt haben, an die Enkelkinder weitergeben. Sie können ihnen Wurzeln verleihen und festen Halt im Leben. Oft sind auch die Großeltern die »geistlichen Begleiter« ihrer Enkelkinder: Sie beten mit ihnen, sie erzählen ihnen von Gott, sie gehen mit ihnen in die Kirche und erklären ihnen die Bilder und Statuen dort. So haben die Großeltern eine wichtige Aufgabe in der religiösen Erziehung der Enkelkinder.

Beziehungen zu Freunden

Für viele alte Menschen sind Freunde ein wichtiger Halt. Sie gehen miteinander wandern oder treffen sich zum Kartenspielen oder zu Konzertbesuchen. Freunde sind ein Stück Heimat, so etwas wie ein Zuhause. Manche knüpfen im Alter wieder an alte Freundschaften an. Jetzt, da sie Zeit haben, kommen sie sich wieder näher und können Erinnerungen und gemeinsame Erlebnisse austauschen. Manche älteren Menschen isolieren sich aber auch. Sie haben niemanden, mit dem sie sprechen können. Daher ist es wichtig, dass die (kirchlichen) Gemeinden Orte erschließen, an denen sich alte Menschen treffen und vielleicht neue Freundschaften schließen können.

Auch für die Freundschaft im Alter gilt der Grundsatz, den C. G. Jung aufgestellt hat: Wer nicht allein sein kann, kann auch keine gute Beziehung leben. Die Beziehung darf kein Instrument sein, um das Alleinsein zu verdrängen. Wer gut mit sich sein kann, der fühlt sich nicht einsam und wird Freunde nicht dazu missbrauchen, ihn von seiner Einsamkeit zu befreien. Es braucht noch ein anderes Prinzip für die Freundschaft im Alter: Wir dürfen den Freund/die Freundin nicht auf die alten Bilder festlegen. Es sind zwar noch immer dieselben Menschen. Aber sie sind älter geworden, sie haben sich gewandelt. Es kommt darauf an, sie mit neuen Augen zu sehen, ihnen neue Einsichten, neue Verhaltensweisen, neue Reife zuzutrauen. Zugleich sollten wir jedoch auch einsehen, dass sie als ältere Menschen verletzlicher und empfindlicher geworden sind. Die Gerontologie spricht hier von der Vulnerabilität, die im Alter zunimmt.

Damit die Freundschaft auch im Alter gelingt, sollte man drei Dinge vermeiden:

1. Sich mit dem anderen zu vergleichen, mit dem, was der Freund/die Freundin geleistet hat, welchen Beruf sie oder er hatte, was aus ihren Kindern geworden ist. Es geht darum, sich und den anderen so anzunehmen, wie wir geworden sind.

2. Die Emotionen auf den anderen zu übertragen. Das gilt für meinen Neid, für meine Ängste, für meine Unzufriedenheit. Ich versuche, den anderen mit offenen Augen anzuschauen, nicht durch die Brille meiner Projektionen.

3. Sich von der Freundschaft abhängig zu machen. Freundschaft braucht Freiheit und Freiraum.

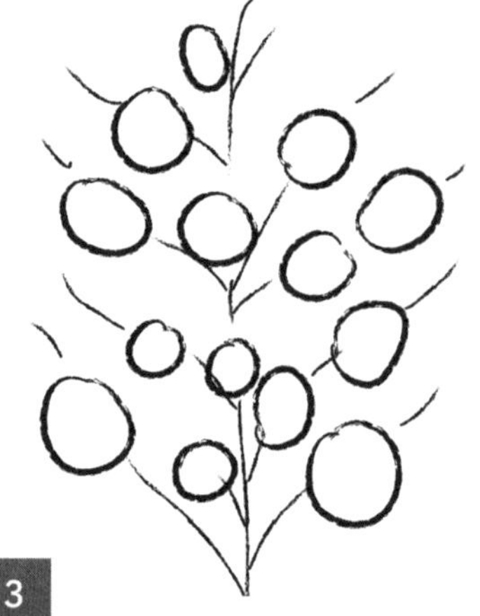

5. Übungen

Gemeinsam auf dem Weg 23

Erzählen Sie im Kreis der Teilnehmenden oder schreiben Sie für sich allein auf: Wer ist mit mir alt geworden? Beginnen Sie bei Ihrem Partner, ihrer Partnerin. Was haben Sie von ihm oder ihr gelernt? Welches Problem haben Sie mit ihm oder ihr? Wie können Sie diese Beziehung noch verbessern?

Schauen Sie auf Ihre Freunde: Wie haben Sie Ihre Freunde bei Ihrem Altwerden unterstützt? Hat sich Ihre Freundschaft mit dem Alter verändert? Wenn ja: wie?

Betrachten Sie Ihre Kinder und Enkelkinder, falls Sie welche haben. Gibt es Verletzungen bei den Kindern oder bei Ihnen, die noch nicht angeschaut worden sind? Welche möchten Sie bearbeiten, entweder für sich allein oder im Gespräch mit Ihren Kindern und Enkelkindern?

Zeichnen Sie nun einen »Segensbaum« auf ein Blatt Papier. Malen Sie Kreise statt Blätter an die Äste und schreiben Sie gute Wünsche in diese Kreise sowie den Namen des Menschen, für den diese Wünsche gedacht sind. Schreiben Sie ebenfalls dazu, wofür Sie jeweils dankbar sind.

Segensblumen 24

Zeichnen Sie »Segensblumen« auf ein Blatt Papier. Schreiben Sie dann in jedes Blütenblatt einen Segen für einen Mitmenschen, mit dem Sie älter geworden sind.

Überlegen Sie:
Wie können Sie den Segen auch im Tun ausdrücken?

Danke! 25

Schreiben Sie eine Liste der Menschen, die Ihnen viel bedeuten. Dann notieren Sie zu jedem Namen Ihre Dankesworte an ihn.

Leben geht durch den Magen 26

Denken Sie an ein Lebensmittel oder an ein Essen, das Sie mit einem bestimmten Menschen verbinden, zum Beispiel mit Ihrer Oma oder Mutter.

› Warum verbinden Sie dieses Essen immer mit dieser Person? Welche Rolle spielt dieses Essen in Ihrer Beziehung?

› Was möchten Sie gerne zu dieser Person sagen in Bezug auf dieses Essen?

In Kontakt bleiben

[Leichtere Übung] Fragen Sie die Teilnehmenden: Wer besucht Sie im Senioren- oder Pflegeheim? Familie, Verwandte, alte Freunde? Auf welchen Besuch freuen Sie sich am meisten? Mit wem haben Sie noch Kontakt? Interessieren sich die anderen für Sie? Interessieren Sie sich für Ihre Verwandten, für Ihre Freunde?

9. Krankheit, Trauer und Sterben

1. Ziel des Kapitels

In diesem Kapitel geht es um drei Aspekte:

1. Wie können wir lernen, mit Krankheit spirituell umzugehen? Wie können wir Krankheit in Segen für andere verwandeln? Wie können wir selbstbestimmt mit unserer Krankheit umgehen?

2. Wie können wir lernen, in Würde zu sterben?

3. Wie gehen wir mit der Trauer um? Und wie können wir Trauernde begleiten?

2. Zum Einstieg

Vor welcher Krankheit haben Sie am meisten Angst? Wann waren sie das letzte Mal im Krankenhaus oder haben Kranke besucht? Welches Gefühl hatten Sie dabei? Haben Sie schon an die Gestaltung Ihrer eigenen Trauerfeier gedacht? Haben Sie sich wegen einer Patientenverfügung Gedanken gemacht? Haben Sie eine Vorsorgevollmacht ausgefüllt? Wie geht es Ihnen, wenn Sie an Ihren Tod denken?

3. Fallbeispiele

Die Frau eines Pfarrers, die sich sehr in der Gemeinde engagiert hatte, erkrankte mit 59 Jahren plötzlich an Bauchspeicheldrüsenkrebs. Sie reagierte ganz gelassen darauf und fragte den Arzt, wie lange sie noch zu leben habe. Als dieser ihr antwortete, noch ein halbes Jahr, war sie nicht erschrocken. Sie sagte vielmehr: »Gott sei Dank. So habe ich noch sechs Monate Zeit, mich von meinen Freunden zu verabschieden.« Wenn Freunde oder Bekannte sie besuchten, war sie fröhlich. Sie fragte sie nach ihrem Leben und wandte sich den Besuchern zu. Als sie schließlich starb, erzählten die Trauergäste bei der Beerdigung, sie habe nie über eigene Schwierigkeiten gesprochen, sondern sich immer für die anderen interessiert. Sie selbst hatte zu einer Besucherin gesagt: »Gott hat mir die letzte Hausaufgabe gestellt, für meinen Glauben in meinem Leben Zeugnis zu geben und noch etwas für andere zu tun.« Sie ist mit ihrer Krankheit für viele zum Segen geworden.

Eine Seelsorgerin begleitete eine Frau, die ihren Mann verloren hatte. Sie erzählte ihr, dass sie im Internet bei Dating-Apps unterwegs sei, um andere Männer kennenzulernen. Sie traf sich mit einigen, aber konnte keine neue Beziehung eingehen. Die Seelsorgerin erkannte, dass diese Frau ihrer Trauer und dem Verlust auswich. Sie hat ihr im Gespräch versucht zu vermitteln, dass das nicht funktioniert, sondern sie ihre Trauer bearbeiten muss.

4. Entfaltung des Themas

Vom Umgang mit Krankheit

Das Thema hat zwei Aspekte: Es geht darum, wie man im Alter mit der Krankheit und Begrenzung seines Partners, seiner Partnerin umgehen kann, aber auch, wie man mit seiner eigenen Krankheit zurechtkommt. Manche wollen ihre Krankheit nicht wahrhaben. Sie tun so, als ob sie immer so weiterleben und arbeiten können wie bisher. Andere lassen sich hängen und kreisen nur noch um die eigene Krankheit. Oder sie jammern und fallen den anderen damit zur Last. Wieder andere bleiben trotz ihrer Beschwerden fröhlich und strahlen Frieden aus.

Die Mutter von P. Anselm hatte die letzten 25 Jahre ihres Lebens nur drei Prozent Sehkraft. Das hat ihr Leben sehr eingeschränkt. Aber sie hat diese Behinderung angenommen und sich nicht zurückgezogen. Im Gegenteil: Wenn sie beim Einkaufen war, hat sie oft andere Kunden angesprochen, ob sie ihr vorlesen könnten, was das sei. Sie hat ihre Krankheit also zum Anlass genommen, mit anderen Menschen in Kontakt zu treten. Oft kamen dann gute Gespräche zustande. Die Menschen, die ihr weiterhelfen konnten, haben ihre Fröhlichkeit erlebt und fühlten sich beschenkt. Sie hat ihre Behinderung mit Humor genommen und die anderen damit angesteckt. In den letzten Jahren vor ihrem Tod kamen weitere krankheitsbedingte Einschränkungen dazu. Als P. Anselm sie fragte, wie sie trotz ihrer Krankheiten so fröhlich bleiben könne, antwortete sie: »Ach, das macht nichts. Ich opfere alles auf für meine Kinder und Enkelkinder.« Sie hat ihre Krankheiten angenommen und sie in einen Ausdruck der Liebe und der Hingabe für ihre Kinder und Enkelkinder verwandelt. Ihre Enkelkinder haben das gespürt. Sie waren gerne bei ihrer Oma. Sie haben sich bei ihr geliebt gefühlt. Es gibt andere, die die gleichen Krankheiten haben, diese jedoch nicht in Hingabe verwandeln, sondern in einen Vorwurf an andere. Es ist meine Freiheit, wie ich auf meine Krankheit reagiere, ob mit Hingabe oder Vorwurf.

Der Glaube ist für viele alte Menschen eine Hilfe, die Krankheit zu tragen und zu ertragen. Er gibt ihnen Halt in dieser schwierigen Situation, vermittelt ihnen, dass sie unter dem Segen Gottes stehen und dass Gottes Segen sie vor jeder Überforderung bewahrt. Der Glaube hilft dem Kranken, seine Krankheit als eine spirituelle Herausforderung zu verstehen, seine Vorstellungen von sich selbst, vom Leben und von Gott zerbrechen zu lassen. Dann wird er durch die Krankheit nicht zerbrechen, sondern aufgebrochen für sein wahres Selbst. Die Krankheit ist eine Einladung, tief in uns hineinzuhorchen und zu entdecken, wer wir wirklich sind: ein einmaliges Bild, das Gott sich von jedem von uns gemacht hat. Dieses einmalige Bild ist unabhängig von unserer Gesundheit oder Krankheit und vom Alter, das wir erreichen.

Manche alten Menschen tun sich schwer damit, in ihrer Krankheit auf die Hilfe anderer angewiesen zu sein.

Sie haben Schuldgefühle, dass sie ihrer Familie zur Last fallen. Ihnen kann ein Wort des heiligen Basilius helfen: Wenn Menschen krank sind und nichts mehr tun können, dann sollen sie danach streben, »dass aus ihrem Antlitz und jeder ihrer Bewegungen die Überzeugung leuchtet, dass sie unter Gottes Auge und in der Gegenwart des Herrn stehen«. Ihre Aufgabe besteht dann darin, die Liebe auszustrahlen, die sie von Gott ihr Leben lang empfangen haben.

Ein wichtiges Thema, das von alten Menschen oft verdrängt wird, ist die Patientenverfügung und die Vorsorgevollmacht. Da ist es hilfreich, dass man sich gut informiert, zum Beispiel, indem man Referenten einlädt, die Vorträge oder Seminare für Seniorengruppen halten. Als erste Informationsquelle kann man jedoch auch das Internet nutzen, noch besser aber zu einem Notar gehen, wo diese Dokumente dann auch hinterlegt werden können. Das Ziel der Patientenverfügung ist, dass man selbst bestimmt, welche medizinische Maßnahmen man akzeptiert, wenn man unheilbar erkrankt oder lebensbedrohlich verletzt wird, und welche Maßnahmen man auf jeden Fall ablehnt. Es braucht Mut, sich mit der Patientenverfügung zu beschäftigen. Aber es schafft dann für die Betroffenen und die Angehörigen Klarheit. Genauso wichtig ist es, eine Vorsorgevollmacht auszustellen. Darin bestimmt man, wer an eigener statt entscheiden soll und sich um die wesentlichen Dinge kümmert, wenn man selbst keine Entscheidungen mehr treffen kann aufgrund eines Unfalls oder Demenz. Damit vermeidet man eine gerichtlich entschiedene Vormundschaft und sorgt so dafür, dass die, die uns nahestehen, auch dann für unser Wohl verantwortlich sind und sich kümmern können.

Wenn Krankheiten einen immer mehr beeinträchtigen, ist es Zeit, sich darüber Gedanken zu machen, ob man von sich aus in ein Senioren- oder Pflegeheim umziehen sollte. Viele alte Menschen scheuen davor zurück, sich überhaupt damit auseinanderzusetzen. Das Problem ist, dass Angehörige dann häufig gezwungen sind, die Lösung zu nehmen, die gerade möglich ist. Im schlimmsten Fall landet der zu Betreuende dann genau in der Einrichtung, in die er auf keinen Fall wollte, weil sonst nirgends ein Platz frei ist.

Daher sollte man sich als älter werdender Mensch frühzeitig darum kümmern, wie man die Dinge in Krankheit und am Lebensende geregelt haben möchte. Die Angehörigen können einen dabei unterstützen. Oder man kann sich mit dem ambulanten Pflegedienst darüber unterhalten, wer einem bei diesen Fragen helfen kann. Entscheidend ist, dass der alte Mensch sich nicht als »Versager« fühlt, wenn er in ein Pflegeheim geht, oder als jemand, der nichts mehr wert ist und abgeschoben wird. Es ist ein Zeichen von Stärke, wenn man sich zu einer solchen Entscheidung durchringt.

Dazu braucht es aber auch eine frühzeitige mentale Vorbereitung auf diesen Schritt. Man kann sich fragen: Wie geht es mir damit, wenn ich immer mehr Hilfe von außen brauche? Woran muss ich denken, wenn ich in ein Pflegeheim umziehe? Wer kann mir helfen, das richtige Heim zu finden? Wer kann mich begleiten bei meinen Überlegungen, ob und wann ich umziehen soll? Was muss ich zurücklassen, aussortieren, loslassen? Wer kann mir beim Umzug helfen? Es braucht eine innere Verwandlung, um mich der Hilfe anderer anvertrauen zu können, zu akzeptieren, dass ich den Alltag nicht mehr allein schaffe. Doch wenn einem das gelingt, wird man vielleicht mehr innere Ruhe und ein Gefühl von Zuversicht und Freiheit empfinden und etwas gelassener in die Zukunft schauen.

Vom Umgang mit dem Tod

Im Alter geht es auch darum, sich auf das Sterben vorzubereiten und sich damit auseinanderzusetzen. Alte Menschen wissen, dass sie nicht mehr allzu lange zu leben haben. In der geistlichen Tradition ist die Auseinandersetzung mit der eigenen Sterblichkeit und auch dem Zeitpunkt des Todes eine wichtige Übung. Das soll Menschen die Angst vor dem Tod nehmen und dazu einladen, die Zeit, die sie noch zu leben haben, bewusst zu leben.

Untersuchungen in der Gerontologie zeigen, dass der Glaube dem Menschen die Angst vor dem Tod nehmen kann. Alte Menschen wissen, dass sie in Gottes Händen sind und dass sie selbst durch den Tod nicht aus den liebenden Händen Gottes fallen werden. Der Glaube erleichtert zudem das Abschiednehmen von den Angehörigen, weil er ein Wiedersehen in Gott verheißt.

Doch trotz allem Glauben haben viele Menschen Angst vor dem Tod. Ein Aspekt davon ist sicher die Furcht vor dem Kontrollverlust. Diese können wir nur überwinden, indem wir darauf vertrauen, dass wir mit allem, was im Sterben in uns hochkommen könnte, von Gott angenommen und geliebt sind. Andere haben Angst vor den Schmerzen. Doch die Palliativmedizin kann uns heute helfen, diese zu lindern. Andere haben Angst vor dem, was sie im Tod erwartet. Gerade religiöse Menschen fragen sich, ob sie dem Gericht Gottes standhalten können. Der Benediktiner Basil Hume, langjähriger Kardinal von Westminster, erzählt von einem Prediger, der Gericht so gedeutet hat: »Gericht bedeutet: einem barmherzigen, mitleidenden Gott die Geschichte meines Lebens zuflüstern, so wie ich sie noch nie erzählen konnte« (Fidelis 157). Basil Hume ergänzt dieses Bild mit den Worten: »Gott kennt mich durch und durch … weit besser, als ich mich selbst kenne und jeder andere mich kennt. Er ist der Einzige, der in meine wirre, an vielen Stellen verwickelte Lebensgeschichte einen roten Faden bringt und ihr Sinn gibt« (ebd. 158). Gericht bedeutet, dass Gott mir mit einem weiten Herzen zuhört, wenn ich ihm meine Lebensgeschichte erzähle, und dass er alles Chaos in mir entwirrt und mir den Sinn meines Lebens aufschließt.

Wenn alte Menschen nicht dazu bereit sind, über ihren Tod zu sprechen, dann sollten wir sie nicht dazu drängen. Aber wir können das Gespräch auf die wesentlichen Themen lenken. Wenn wir ihnen zum Beispiel für alles danken, was sie uns geschenkt haben, was wir durch sie gelernt haben, was wir ihnen verdanken, werden sie vielleicht auch wesentliche Dinge ansprechen.

Ein weiterer wichtiger Aspekt ist das Abschiednehmen. Zu einem guten Abschied gehören vier Themenbereiche, die wir als zurückbleibende Angehörige ansprechen sollten. Zunächst die Dankbarkeit: Wir sollten dem Sterbenden für alles danken, was wir durch ihn erfahren haben, was wir von ihm gelernt haben, was er uns geschenkt hat durch sein Dasein. Dieser Dank kann auch eine Einladung für den Sterbenden sein, denen zu danken, die ihn begleitet haben, mit denen er zusammengelebt hat. Das Danken tut den Lebenden und den Sterbenden gut. Es ermöglicht dem Sterbenden, in Würde zu gehen. Dann die Liebe: Wir sollten dem Sterbenden sagen, dass wir ihn geliebt haben, auch wenn wir vielleicht manchen Konflikt mit ihm hatten. Und wir sollten ihm sagen, dass wir ihn jetzt in Liebe begleiten. Alles, was nicht so gut war, ist vergessen. Die Liebe verwandelt die Vergangenheit. Jetzt zählt nur die Liebe, die den Sterbenden umhüllt. Dann kann auch der Sterbende versuchen, durch alle Ängste und Schmerzen hindurch Liebe zu den Menschen auszustrahlen, die bei ihm sind. Dann wird es ein guter Abschied. Als Drittes die Abschiedsworte: Abschied bedeutet immer Trennung, Loslassen. Wir sollten den Sterbenden gehen lassen, anstatt ihn festzuhalten. Zum Abschied sagt man gute Worte wie: »auf Wiedersehen«. Darin drücken wir die Hoffnung aus, dass wir den Sterbenden nach unserem Tod wiedersehen werden. Oder wir sagen: »Leb wohl«. Wir wünschen ihm, dass er nach dem Tod in Gottes Herrlichkeit gut leben kann, dass es ihm gut gehen wird. Wenn wir uns bewusst verabschieden, ermöglichen wir auch dem Sterbenden, sich von uns zu verabschieden. Vielleicht fallen ihm gute Worte ein, die er uns sagen möchte, oder Wünsche, die er uns mit auf unseren Weg geben möchte. Diese Abschiedsworte können die Verwandten und Freunde wie kostbare Perlen aufbewahren, denn darin ist der Verstorbene noch weiter in ihren Herzen. Zuletzt die Entschuldigung: Es ist gut, uns zu entschuldigen, wenn wir dem Sterbenden mit unserem Verhalten nicht gerecht geworden sind, wenn wir ihn verletzt haben, wenn wir uns ihm nicht genug zugewandt haben. Und es ist auch gut, wenn der Sterbende sich für die Verletzungen entschuldigt, die er anderen zugefügt hat, oder für Enttäuschung, die er ihnen bereitet hat. Dann schaffen wir gemeinsam am Sterbebett Versöhnung, die allen guttut: dem Sterbenden und den Zurückbleibenden.

Vom Umgang mit der Trauer

Alte Menschen erleben, dass viele ihrer Bekannten, Freunde und Verwandten sterben. Besonders schmerzlich ist es, wenn der Partner, die Partnerin stirbt oder wenn eines ihrer Kinder vor ihnen stirbt. Gerade wenn man sehr lange glücklich zusammengelebt hat, ist es für den Zurückbleibenden schwer, weiterzuleben. Er hat das Gefühl, dass ihm der Boden unter den Füßen weggezogen wurde. Er fühlt sich alleingelassen und trauert dem Verstorbenen nach. Die Trauer kann und darf niemand überspringen. Aber es ist wichtig, dass sie ein Ziel hat. Wir denken, es sind drei Ziele, die wir in der Trauer vor Augen haben sollen:

1. Die Trauer über den Verlust soll mehr und mehr in Dankbarkeit darüber verwandelt werden, dass wir den Verstorbenen erleben und mit ihm unser Leben teilen durften.

2. In der Trauer geht es darum, die Botschaft des Verstorbenen zu verstehen. Indem wir viel über ihn erzählen, über das, was er gesagt hat, was ihm wichtig war, was er gerne gelesen oder gehört, was er geliebt hat, erkennen wir mit der Zeit, was der Verstorbene uns mit seinem Leben und Sterben vermitteln wollte. Im Folgenden geht es darum, auf diese Botschaft des Verstorbenen angemessen zu antworten.

3. Wir sollten uns bemühen, eine neue Beziehung zum Verstorbenen aufzubauen. Der Verstorbene ist nun bei Gott und von Gott her kann er die Lebenden begleiten. Daher dürfen wir uns innerlich mit dem Verstorbenen unterhalten und ihn fragen: Was möchtest du, dass ich tue? Wie soll ich leben? Solche Fragen führen den Überlebenden wieder zurück ins Leben.

Wenn nach und nach Verwandte, Freunde und Bekannte sterben, fühlen sich die zurückbleibenden alten Menschen immer einsamer. Das ist eine Herausforderung, der man sich stellen muss. Die Stille und das Gebet können helfen, diese Einsamkeit zu bestehen und sie für andere fruchtbar werden zu lassen. Im Gebet kann man Gott danken, dass er einem noch das Leben geschenkt hat, und ihn darum bitten, einem zu zeigen, was die Aufgabe jetzt im Alter ist, was man noch in diese Welt hinein ausstrahlen und was man noch bewirken kann, welche Lebensspur man in diese Welt eingraben möchte.

5. Übungen

Neue Türen öffnen 27

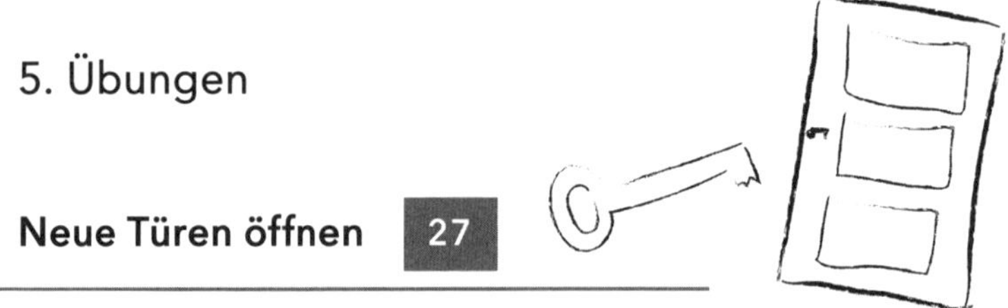

Der französische Schriftsteller André Gide versteht die Krankheit als Schlüssel zum wahren Menschsein. Aus eigener Erfahrung heraus schreibt er: »Ich glaube, dass Krankheiten Schlüssel sind, die uns gewisse Tore öffnen können. Ich glaube, es gibt gewisse Tore, die einzig die Krankheit öffnen kann. Es gibt jedenfalls einen Gesundheitszustand, der uns nicht erlaubt, alles zu verstehen. Vielleicht verschließt uns die Krankheit einige Wahrheiten, ebenso aber verschließt uns die Gesundheit andere.«

Auf dem Hintergrund dieses Zitates zeichnen Sie die Umrisse einiger Schlüssel auf ein Blatt Papier. Schreiben Sie nun darauf: Welche Tür hat die Krankheit für Sie geöffnet? Welchen Schatz haben Sie hinter dieser Tür gefunden? Welche inneren Räume Ihres Seelenhauses, die Sie zuvor nicht kannten und in denen Sie noch nie gewesen sind, hat Ihnen eine Krankheit aufgeschlossen?

Dank an die Verstorbenen 28

Stellen Sie sich die lieben Menschen vor, die gestorben sind. Fragen Sie sich:

› Was wollten diese Menschen leben und was war die Quelle, aus der sie gelebt haben? Was kann ich von ihnen lernen? Was möchte ich sie jetzt, da sie im Frieden bei Gott sind, fragen?

Danken Sie anschließend Gott dafür, dass Sie diese Menschen so gut gekannt haben und dass Sie mit ihnen eine Zeitlang leben durften.

Leinen los! 29

Zeichnen Sie den Umriss eines Schiffes auf ein Blatt Papier. Fragen Sie sich: Was möchte ich mit meinem Schiff hinterlassen, welche Lebensspur möchte ich mit meinem Schiff in diese Welt eingraben? Mit welchen Menschen möchte ich gerne unterwegs sein? Dann zeichnen Sie das Ziel, auf das Sie hin fahren. Was, denken Sie, kommt nach dem Tod? Überlegen Sie, welchen Segen Sie auf Ihrer Fahrt mit dem Schiff in dieser Welt hinterlassen möchten. Malen Sie Bilder des Segens oder schreiben Sie Worte des Segens, die den Weg des Schiffes begleiten. Überlegen Sie nun, was Sie heute tun möchten. Wen möchten Sie heute Gottes Segen erleben lassen? Schreiben Sie eine Liste für die kommende Woche, welchen Segen Sie hinterlassen möchten.

Bunter Bogen 30

Zeichnen Sie einen Regenbogen auf ein Blatt Papier. Überlegen Sie sich:

› Der Regenbogen ist der Weg meines Lebens. Welche Menschen sollen mich bis zum Ende begleiten? Und: Wer sollte mich am Ende des Bogens in Empfang nehmen, wer soll dort auf mich warten?

Liebevolles Erinnern

[Leichtere Übung] Laden Sie die Teilnehmenden ein, von einem Verstorbenen zu erzählen, an den sie sehr gerne zurückdenken. Es muss nicht unbedingt der Ehepartner sein, es können die Eltern oder Großeltern oder ein naher Freund sein. Fragen Sie: Was hat dieser Mensch für Sie ausgestrahlt? Wie haben Sie sich in seiner Nähe gefühlt? Was haben Sie von ihm gelernt? An welche Worte erinnern Sie sich, die er zu Ihnen gesagt hat, Worte, die Sie aufgerichtet und die Ihnen gutgetan haben? Welche Gefühle kommen in Ihnen jetzt hoch, wenn Sie an ihn denken und wenn Sie von ihm erzählen?

10. Was heißt Segen, und wie kann ich zum Segen werden?

---

1. Ziel des Kapitels

Das Ziel dieses Kapitels ist es, ein hoffnungsvolles Selbstbild zu entwickeln. Auch im Alter sind wir keine Last für andere, wir können ein Segen für andere sein.

Segen heißt einmal, gute Worte zu sagen. Segen bedeutet aber auch Fruchtbarkeit. Alte Menschen können jüngere inspirieren und in ihnen etwas zum Blühen bringen. Es sollen Wege aufgezeigt werden, wie man auch im Alter zum Segen werden kann und welche Rituale helfen können, anderen Menschen, vor allem Kindern und Enkelkindern Segen zu vermitteln.

2. Zum Einstieg

In welcher Lebensphase haben Sie den stärksten Eindruck von Ihren Eltern gewonnen? Wann, wo und wie haben Sie von Ihren Eltern am meisten Segen empfangen – als Kind, als Jugendlicher, im Erwachsenenalter?

Welche Chance haben Sie jetzt im Alter, Ihren Kindern Segen zu vermitteln? Welche Eigenschaften, mit denen Sie nicht im Reinen sind, möchten Sie an sich selbst noch verwandeln?

3. Fallbeispiele

Ein Missionar erzählte, dass er in seiner Missionsstation in Afrika jeden Morgen um fünf Uhr die Kirche aufschloss und sich in die Bank setzte, um dort sein Brevier zu beten. Kaum war die Tür offen, kam ein alter Afrikaner, der früher Katechet war, in die Kirche und setzte sich ebenfalls in eine Bank. Er hatte aber kein Buch dabei. Doch wenn der Missionar mit seinem Gebet endete, stand auch der Afrikaner auf und ging. Irgendwann fragte der Missionar ihn, was er die ganze Stunde lang tue. Er erzählte ihm:

»Ich gehe im Geist jede Hütte in unserem Dorf durch und denke an die Menschen, die dort wohnen, an die Kranken, an die Alten, an das Ehepaar, das im Streit liegt, an die Kinder, die es schwer haben. Und ich lasse in jedes Haus den Segen Gottes strömen. Ich brauche eine ganze Stunde, bis ich am Ende des Dorfs angekommen bin.«

4. Entfaltung des Themas

Die schönste Zusage, die Gott einem Menschen gemacht hat, ist die an Abraham: »Ein Segen sollst du sein« (Gen 12,2). Und Gott zeigt ihm auch, wie das gehen kann. Er befiehlt ihm: »Zieh weg aus deinem Land, von deiner Verwandtschaft und aus deinem Vaterhaus« (Gen 12,1). Die frühen Mönche erkennen darin drei Bedingungen, damit wir ein Segen für die Menschen werden. Die erste: Wir müssen aus allem ausziehen, was uns innerlich festhält: aus Routinen, aus den Erwartungen der Menschen, aus den Bildern, auf die wir festgelegt worden sind. Indem wir frei sind, ganz wir selbst, werden wir zum Segen für andere. Die zweite Bedingung: Wir müssen aus den Gefühlen der Vergangenheit ausziehen. Indem wir ganz im Augenblick sind, uns jeweils auf den Menschen einlassen, dem wir begegnen, werden wir für ihn zum Segen. Die dritte Bedingung: Wir sollen aus dem Sichtbaren ausziehen und auf das Unsichtbare, auf Gott hin wandern. Wir werden zum Segen für andere, wenn sie unsere Offenheit für Gott spüren, für das Geheimnis, das größer ist als wir selbst.

Aber was ist eigentlich »Segen«? Das lateinische Wort für »segnen«, *benedicere*, meint eigentlich: gute Worte sagen. Viele Kinder hören von ihren Eltern eher Fluchworte: »Du bist nicht richtig. Mit dir kann es niemand aushalten.« Sie prägen sich tief in die Seele des Kindes ein. Daher ist es wichtig, solchen Sätzen gute Worte entgegenzusetzen: »Es ist gut, dass du da bist. Du bist wertvoll. Ich liebe dich.« Alte Menschen können zum Segen für andere werden, indem sie bewusst gute Worte zu ihnen sprechen, die Liebe ausdrücken, die Hoffnung vermitteln, die aufrichten und ermutigen.

Als Christen bekennen wir, dass in Jesus das Wort Gottes Fleisch geworden ist. Die guten Worte sollen auch in uns Fleisch werden. Das tun sie, wenn wir die Güte und Liebe mit unserem ganzen Leib ausstrahlen. Und sie nehmen Fleisch an in unserem Verhalten, indem wir uns für andere Menschen engagieren. Viele alte Menschen werden zum Segen für andere, indem sie ein Ehrenamt übernehmen in der kirchlichen Gemeinde oder in der Gesellschaft, etwa durch Krankenbesuche oder durch andere soziale Tätigkeiten. Allerdings geraten sie dabei manchmal in Gefahr, das Helfen für sich selbst zu brauchen, um Bestätigung und Anerkennung zu finden. Dann wird ihr Helfen nicht zum Segen. Die Menschen, denen ich helfe, spüren, ob ich wirklich sie meine und mich auf sie einlasse, oder ob jemand seinen ehrenamtlichen Einsatz für eigene Zwecke missbraucht. Diese Menschen dienen dann nicht den anderen, sondern brauchen die Bühne, um sich selbst darstellen zu können. Dann werden sie nicht zum Segen für andere, sondern erzeugen in ihnen eher ein schlechtes Gewissen.

Alte Menschen werden zum Segen für andere, wenn sie selbst Segen erfahren haben. Ein Ort, an dem dies möglich ist, sind Rituale und ein guter Lebensrhythmus. Das gilt einmal für die Struktur des Tages: Es braucht diese Struktur, gerade wenn man nicht mehr arbeitet, damit man sich in seinem Leben, seinem Alltag zu Hause fühlen kann. Es gilt aber auch für den Jahresrhythmus. Das Kirchenjahr ist für C. G. Jung ein therapeutisches System. Wenn wir uns seinem Rhythmus überlassen, erleben wir die Feste als etwas Heilsames, denn sie bringen uns mit archetypischen Bildern unserer Seele in Berührung, die eine heilsame Wirkung auf uns haben. Wer sich dem Rhythmus des Kirchenjahres mit seinen Festen und Ritualen überlässt, der erfährt das ganze Jahr hindurch immer wieder Segen.

Rituale sind aber auch Orte, an denen ich für andere zum Segen werden kann. Ein schönes Morgenritual kann sein, dass man sich aufrecht hinstellt und die Hände zum Segen erhebt. Dann stellt man sich vor, wie durch die eigenen Hände Gottes Segen – verbunden mit der persönlichen Liebe – zu den Menschen strömt, mit denen man sich verbunden fühlt: zu den Kindern und Enkelkindern, zu kranken und leidenden Menschen. Der Segen Gottes hüllt dann diesen Menschen wie ein schützender Mantel ein und durchdringt ihn, sodass er ganz in Einklang mit sich selbst kommt. So kann man als älterer Mensch wie der alte Afrikaner, von dem wir im Fallbeispiel erzählt haben, jeden Tag damit beginnen, zum Segen für viele Menschen zu werden. Dieses Segensritual kann aber auch für einen selbst zum Segen werden. Man stellt sich vor, wie der Segen in die Räume der Wohnung strömt. Dann hat man das Gefühl, den ganzen Tag in gesegneten Räumen zu leben und nicht in solchen, die von Streit und negativen Gefühlen getrübt sind. So kann man den Segen in die Stunden des Tages strömen lassen und hat das Gefühl, dass jeder Augenblick des Tages gesegnet ist. Man geht in einen gesegneten Tag hinein.

Am Abend kann uns folgendes Ritual helfen, Segen zu erfahren und zum Segen für andere zu werden. Wir halten unsere Hände wie eine Schale vor uns hin. Wir halten den vergangenen Tag Gott hin. Wir verzichten darauf, nachzugrübeln: »Hätte ich mich doch anders entschieden. Wäre ich doch im Gespräch mit meinen Kindern, mit meinem Ehepartner, mit dem Nachbarn freundlicher und achtsamer gewesen. Hätte ich doch dieses verletzende Wort nicht ausgesprochen.« Viele kommen dann vor lauter »hätte« und »wäre« nicht zur Ruhe. Doch der Tag ist vorbei. Wir können ihn nicht mehr ändern. Aber indem wir alles Gott hinhalten, vermag er es in Segen zu verwandeln, auch das Gespräch, das nicht so gut gelaufen ist. Dann können wir uns ruhig in Gottes gute Hände fallen lassen. Zudem können wir in unseren offenen Händen die Menschen mit ihren Nöten Gott hinhalten, damit sie sich in seinen Händen geborgen wissen. Wir können bewusst durch die Brille der Dankbarkeit auf den vergangenen Tag schauen, auf die Begegnungen, die wir hatten, und für die Menschen danken, mit denen wir uns verbunden fühlen. Dann erleben wir selbst Segen und werden für die Menschen, für die wir danken, zum Segen.

Ein schönes Segensritual, das viele Eltern und Großeltern mit ihren Kindern praktizieren, ist das Kreuzzeichen, das sie ihnen auf die Stirn zeichnen, wenn das Kind aus dem Haus geht. Das Kreuzzeichen bedeutet: »Alles an dir ist gut. Du bist ganz und gar von Gott angenommen. Und du bist geschützt durch Gottes Segen.«

Man kann dieses Ritual mit dem Partner praktizieren, der ins Krankenhaus muss, oder der Freundin, die gerade vor einer schweren Entscheidung steht. Wenn alte Menschen sich solche kleinen Rituale zutrauen, werden sie zum Segen für andere und vermitteln ganz konkret diesen Segen.

Ein Ritual, das wir alle kennen, ist das zum Geburtstag. Doch oft wird es nur sehr oberflächlich vollzogen, indem wir einfach gratulieren. Doch der Geburtstag wäre auch eine Chance, in einem Ritual Gefühle auszudrücken, die sonst nie zum Ausdruck kommen. Es braucht Mut, das umzusetzen. Aber oft erfahren wir dann, dass es ein Segen für alle ist. Wir kennen eine Familie, die sich zum Geburtstag ihrer alten Mutter immer ein neues Ritual ausdenkt. Einmal hat reihum jeder erzählt, was er von der Mutter gelernt hat. Das hat ihr sehr gutgetan. Sie hat gespürt, dass von ihr doch viel Gutes ausgegangen ist. Ein anderes Mal hat jeder in ihre Hände ein Kreuz gezeichnet und ihr dazu etwas Gutes gewünscht. Und zu einem weiteren Geburtstag haben alle den Liedvers: »Du bist gesegnet, ein Segen bist du« gesungen. Dazu legten die Kinder der Mutter die Hand auf den Kopf und streichelten ihre Schultern und Arme. Durch ein solches Ritual entsteht intime Nähe und die Atmosphäre des Miteinanders wird verwandelt. Der Geburtstag wird für alle zum Segen.

5. Übungen

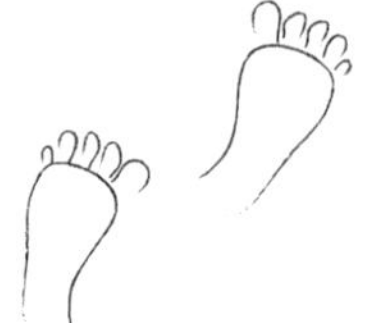

Du bist ein Segen 31

Überlegen Sie für sich und notieren Sie auf einem Blatt Papier:

› Welche Lebensspur möchte ich von jetzt an bis zu meinem Tod in diese Welt eingraben, dass sie ein Segen wird für andere? Wo und wann durfte ich schon Segen sein für andere? Wenn ich mir die Zusage Gottes vorstelle: »Du bist ein Segen«, wie fühle ich mich dann? Relativieren sich dann meine Selbstzweifel und meine Minderwertigkeitsgefühle? Kann ich dankbar sein, dass Gott mich zum Segen für andere gemacht hat?

Spuren hinterlassen 32

Zeichnen Sie auf ein Blatt Papier die Umrisse von Fußabdrücken. Schreiben Sie in die Fußabdrücke, welche Spuren Sie gerne in dieser Welt, welche Spuren Sie für andere hinterlassen möchten.

Im Rhythmus

Notieren Sie auf einem Blatt Papier Ihren Alltag: Wann stehen Sie auf, wie beginnen Sie den Tag, wann machen Sie Pause? Welche Rituale haben Sie? Sind Sie zufrieden mit Ihrem Tag und mit Ihren Ritualen? Welcher Rhythmus wäre besser für Sie? Und welche Rituale möchten Sie gerne in Ihren Alltag einbauen?

Rituale für das Leben

Sie können das Morgen- und Abendritual ausprobieren, das wir oben beschrieben haben. Oder möchten Sie das Ritual so abändern, dass es für Sie besser passt? Welches Geburtstagsritual können Sie sich vorstellen: bei Ihrem Partner, Ihrer Partnerin, bei Ihren Kindern und Enkelkindern, bei Freunden?

Im Zeichen des Kreuzes

[Leichtere Übung] Laden Sie die Teilnehmenden ein, zu erzählen:

› War es bei Ihnen in der Familie üblich, dass die Eltern oder Großeltern Ihnen ein Kreuz auf die Stirn gezeichnet haben, wenn Sie aus dem Haus gingen? Wie haben Sie sich dabei gefühlt? Haben Sie selbst als Vater oder Mutter Ihren Kindern oder Enkelkindern manchmal ein Kreuz auf die Stirn gezeichnet?

› Segnen heißt: gute Worte sagen. Welche guten Worte haben Ihre Eltern oder Großeltern zu Ihnen gesagt? Welche guten Worte hören Sie manchmal von anderen? Welche guten Worte sagen Sie selbst manchmal zu anderen? Wie reagieren sie darauf?

11. Spirituell mit Depression umgehen

1. Ziel des Kapitels

Es geht darum, die Anzeichen von Depression im Alter zu erkennen und angemessen darauf zu reagieren, sowie zu unterscheiden, ob es sich nur um eine traurige Phase oder eine echte Erkrankung handelt. Es soll deutlich werden, wie uns Spiritualität dabei helfen könnte, besser mit depressiven Stimmungen umzugehen und wann Medikamente angemessen sind. Es geht auch darum, wie man sich gegenüber einem depressiven Partner, einer depressiven Partnerin verhalten sollen.

2. Zum Einstieg

Haben Sie selbst schon depressive Phasen in Ihrem Leben erlebt? Können Sie erkennen, welche Ursachen die Depression hatte? Was hat Ihnen bisher geholfen, mit depressiven Stimmungen umzugehen? Medizinische Forschungen zeigen, dass alte Menschen, die an Depression leiden, ein zweimal höheres Risiko haben, vorzeitig an Demenz zu erkranken. Haben Sie bei anderen beobachtet, dass Depression und Demenz im Zusammenhang stehen?

3. Fallbeispiele

Ein Schulleiter war über seine Pensionierung zunächst sehr erleichtert und setzte sich stattdessen dann ehrenamtlich in der Gemeindearbeit ein. Doch mit der Zeit kam er immer seltener in den Gottesdienst. Als einige Gemeindemitglieder nach dem Grund fragten, sagte er, er interessiere sich nicht mehr dafür. Er wolle einfach seine Ruhe haben. Die Leute dachten, dass er Zeit brauche. Doch als er nach zwei Monaten gar nicht mehr kam, besuchte ihn ein Freund aus der Gemeinde. Er war erschrocken, als er ihn so verwahrlost zu Hause antraf. Früher war er immer schick angezogen und legte viel Wert auf sein Äußeres. Jetzt schien ihm alles egal zu sein und eine große Traurigkeit ging von ihm aus. Der Freund erzählte ihm daraufhin von seiner eigenen Traurigkeit. Da wunderte sich der andere, denn er hatte Schuldgefühle gehabt, weil er dachte, er sei der einzige Mensch, der sich mit solchen Schwierigkeiten und Gedanken herumschlug. Der Freund machte ihm deutlich, dass es häufiger vorkommt, dass man im Alter depressive Gefühle hat. Aber wenn man damit allein bleibt, wird es nur schlimmer. Daher sei es gut, mit anderen darüber zu sprechen. Wenn man weiß, dass es keinen Grund gibt, sich dafür schuldig zu fühlen, kann man die Situation besser annehmen. Der alte Mann nahm den Zuspruch des Freundes gerne an und ging wieder zum Gottesdienst in die Gemeinde gegangen.

Ein anderer Mann erzählte, dass seine Frau depressiv sei. Er war hilflos und wusste nicht, wie er mit ihr umgehen sollte. Wenn er liebevoll für sie sorgte, wurde sie aggressiv und warf ihm vor, er spiele sich als der Stärkere auf. Wenn er sich schützte und für sich selbst sorgte, warf sie ihm vor, dass er egoistisch sei und sich nicht um sie kümmere. Alles, was er tat, war falsch in ihren Augen. Er fragte, wie er in Zukunft mit ihr umgehen solle. Und er erkannte, dass er auch für sich gut sorgen muss. Er ist nicht verantwortlich für die Depression seiner Frau.

4. Entfaltung des Themas

Die Altersdepression ist ein Phänomen, das wir immer häufiger beobachten. Sie hat verschiedene Ursachen. Zum einen ist sie Zeichen einer Identitätskrise. Wenn man sich nach der Pensionierung nicht mehr als Direktorin oder Lehrer oder Abteilungsleiterin definieren kann, sondern einfach nur noch Mensch ist, fällt das vielen schwer zu akzeptieren und sie werden depressiv. Dann ist die Depression eine Einladung, seine Identität nicht mehr in der Rolle zu suchen, sondern in der Einmaligkeit seiner Person.

Eine andere Ursache für die Depression ist der Verlust eines lieben Menschen. Wenn ein Partner, eine Partnerin nach langen Jahren des Miteinanders stirbt, gerät der Zurückbleibende oft in eine Depression. Der Boden, auf dem er bisher stand, verschwindet unter seinen Füßen. Die Kraft, die ihm die Partnerschaft bisher gegeben hat, ist ihm entzogen. Aber es gibt noch andere Verlusterfahrungen, die ein alter Mensch verkraften muss. Da ist der Verlust der Arbeitsstelle durch die Pensionierung, der Verlust der vertrauten Umgebung durch einen Wohnungswechsel, der Verlust der früheren Anerkennung. Und natürlich der Verlust von Freunden und Wegbegleitern. All diese Verlusterfahrungen sind ein Risikofaktor, der eine Depression auslösen kann. Verlusterfahrungen gehören auch schon vor dem Altwerden zum Menschen. Doch im Alter reichen oft die Kräfte nicht mehr aus, um sie zu verarbeiten.

Ein anderer Grund für die Depression im Alter sind Krankheiten, gerade wenn sie sich als unheilbar herausstellen. Die Depression ist dann Ausdruck ihrer Hilflosigkeit. Oft bleiben alte Menschen in der Depression hängen, weil sie sich schämen, darüber zu sprechen. Sie äußert sich in anhaltender Antriebslosigkeit, in Freudlosigkeit, im Zwang, endlos zu grübeln und in typischen Sätzen wie: »Ich bin nichts mehr wert. Ich kann nichts mehr. Keiner mag mich. Und ich bin selbst schuld daran.« Man gibt sich selbst die Schuld für seine Depression.

Wie gelingt es uns aber, mit Depressionen umzugehen? C. G. Jung gebraucht diesbezüglich ein schönes Bild. Er meint, die Depression sei eine schwarz gekleidete Dame. Wenn sie an unsere Türe klopfe, sollen wir sie ruhig eintreten lassen und uns mit ihr an einen Tisch setzen, denn sie habe uns viel zu erzählen. Die Depression hat einen Sinn. Worin er für mich besteht, kann ich im Gespräch mit ihr erahnen. Für den einen hat sie den Sinn, Abschied zu nehmen von seinen maßlosen Selbstbildern, etwa von dem, dass man immer perfekt sein, immer alles im Griff haben, immer gut gelaunt sein muss. Eine andere Anfrage der Depression könnte sein, ob mein Leben so, wie ich es lebe, noch stimmt oder ob ich eigentlich gegen mein wahres Wesen lebe.

Wenn ich so mit der Depression ins Gespräch komme, kann ich ihre Botschaft verstehen. Aber es braucht auch eine spirituelle Haltung, um mit ihr angemessen umzugehen. Dazu zählt zunächst einmal die Demut: Ich muss mir eingestehen, dass ich depressiv bin, keine Lust am Leben spüre, dass mich auch der Glaube nicht mehr trägt. Die Demut stellt mir drei Aufgaben:

1. Mir meine Depression auch vor Gott einzugestehen. Ich halte sie im Gebet Gott hin, damit seine heilende Liebe die Depression durchdringt und verwandelt. Ich verstecke meine Depression nicht vor Gott, sondern ich zeige sie ihm offen.

2. Nicht nur meine bisherigen Selbstbilder loszulassen, sondern alles loszulassen, was mich bisher getragen und was bisher mein Leben ausgemacht hat: meinen Beruf, meine Kraft, meine Gesundheit, meinen Optimismus, meine Kreativität, meine Selbstsicherheit. Wenn ich all die alten Bilder losgelassen habe, stellt mich die Demut vor die Frage: Wer bin ich eigentlich? Was ist mein wahres Selbst?

3. In die Depression, in die chaotischen Gefühle, in die Dunkelheit meiner Seele hinabzusteigen, aber nicht da-

rin stecken zu bleiben. Vielmehr muss ich durch sie hindurchgehen, um in den Grund meiner Seele zu gelangen. Dort hat die Depression keine Macht über mich. Es geht darum, in die tieferen Schichten meiner Seele vorzudringen, in meinen Seelengrund, in dem neue Möglichkeiten des Lebens und des Seins in mir bereitliegen, in dem Gott selbst in mir wohnt und ich in Berührung komme mit ihm, dem Grund allen Seins. Auf dem Grund meiner Seele entdecke ich mein wahres Selbst, auch wenn ich dieses ursprüngliche Selbst nicht mehr beschreiben kann. Aber ich habe hier das Gefühl, einfach nur ich selbst zu sein, frei von dem Druck, mich darstellen, mich rechtfertigen, mich als psychisch gesund präsentieren zu müssen.

Zur Demut gehört auch das Eingeständnis, dass ich Medikamente brauche. Viele Betroffene möchten das nicht wahrhaben. Sie verdrängen ihre Depression, indem sie sich völlig zurückziehen oder in Aktivitäten flüchten. In der Psychologie spricht man nicht nur von »gehemmter Depression«, in der man sich gelähmt fühlt und zu nichts aufraffen kann, sondern auch von »agitierter Depression«, die sich in großer Unruhe und leerem Aktivismus zeigt. Menschen, die an einer »agitierten Depression« leiden, merkt man ihre Krankheit oft nicht an, denn sie sind sehr aktiv. Im Alter zeigt sich dies darin, dass die Betroffenen sich noch mehr Arbeit, noch mehr ehrenamtliche Tätigkeiten aufladen. Diese Aktivitäten können eine Flucht vor der inneren Leere sein. Es gibt noch eine dritte Art, die sogenannte »larvierte Depression«. Sie versteckt sich oft hinter körperlichen Symptomen wie

Kopfschmerzen, Magenbeschwerden, Appetitverlust und Schwindelgefühlen.

Man kann die Depression meist an bestimmten Symptomen auf verschiedenen Ebenen erkennen. Zunächst an physischen Symptomen wie Appetitlosigkeit, körperlichen Schmerzen, die man nicht erklären kann, ständiger Müdigkeit, Schlaflosigkeit, dem Bedürfnis, immer mehr zu essen. Dann an psychischen Symptomen wie ständiger Traurigkeit, Pessimismus, Schuldgefühlen. Manche haben auch Wahnvorstellungen. Auf der Beziehungsebene sind Anzeichen von Depression, dass man sich total einsam und isoliert fühlt und Angst hat, verlassen zu werden. Man distanziert sich von anderen, lässt niemanden an sich heran. Auf der spirituellen Ebene sind Anzeichen einer Depression, dass man keine Lust mehr zum Beten hat, sich innerlich leer und Gott gegenüber ständig schuldig fühlt, der Glaube einem zerrinnt. Zudem rechnet man sich die Leere im Glauben als eigene Schuld an.

Ein spiritueller Umgang mit der Depression nimmt die psychologischen Erkenntnisse ernst. Aber er bringt die Krankheit auch bewusst in die Beziehung zu Gott: Ich halte meine innere Leere Gott hin. Ich kann mich nicht zwingen, mehr zu beten oder durch Gebet die Krankheit zu überwinden. Vielmehr geht es darum, die Depression vor Gott zum Ausdruck zu bringen. Wenn ich sie nicht mehr vor Gott verberge, kann das Gespräch mit ihm die Depression verwandeln. Wenn mir die Worte fehlen, genügt es, sie einfach Gott hinzuhalten, am besten mit offenen Händen, in der Hoffnung, dass Gottes Liebe in sie eindringt und sie heilt.

Ein amerikanischer Therapeut, der in einer Klinik für depressive Menschen arbeitet, hat die Erfahrung gemacht, dass die beste Therapie ist, vom Kreisen um sich selbst wegzukommen und sich anderen zuzuwenden. Er stellte daher seinen Klienten die Aufgabe, sich jeden Tag bewusst einem Menschen zuzuwenden, ihm entweder ein Lächeln zu schenken oder ein gutes Wort oder ihm etwas Gutes zu tun. Das hat den Betroffenen oft mehr geholfen als das Analysieren, was der Grund der Depression ist. Es ist letztlich die christliche Nächstenliebe, die den depressiven Menschen zu heilen vermag. Denn wer einem anderen etwas gibt, der fühlt sich besser. Er spürt, dass er selbst mit seiner Krankheit anderen etwas zu geben vermag, dass er ein Segen sein darf für sie.

5. Übungen

Raum der Stille 33

Lassen Sie Ihre Traurigkeit zu, sprechen Sie mit ihr. Überlegen Sie:

› Was macht mich traurig? Was vermisse ich? Was fehlt mir? Wonach sehne ich mich?

Gehen Sie nun durch Ihre Traurigkeit hindurch. Stellen Sie sich vor, dass die Traurigkeit Ihr Herz erfüllt. Aber unterhalb des Herzens, in Ihrem Bauch, ist keine Traurigkeit mehr. Dort erahnen Sie den Raum der Stille in sich, der frei ist von Traurigkeit, der erfüllt ist von der Liebe Jesu. In diesem inneren Raum der Stille finden Sie Frieden und Ruhe und Heimat.

Heilsam Zerbrochenes 34

Können Sie eine Sache in Ihrem Leben finden, die Sie betrauern möchten? Schreiben Sie verpasste Chancen, zerbrochene Lebensträume oder durchschnittliche Seiten an sich selbst auf. Bearbeiten Sie nun diese Erfahrungen mit dem Prinzip des Betrauerns, das heißt, Sie gehen durch den Schmerz über diese Erfahrungen hindurch, um auf dem Grund Ihrer Seele den inneren Frieden und die Liebe Gottes in sich zu erahnen.

Kreative Verwandlung

Drücken Sie Ihre depressiven Gefühle im Malen oder Schreiben aus. Auf diese Weise haben Henri Nouwen, Ignatius von Loyola oder auch der Künstler Rembrandt van Rijn ihre Depression verwandeln können. Eine andere Möglichkeit: Bringen Sie Ihre Depression durch Musik zum Ausdruck, indem Sie am Klavier oder der Gitarre oder Ihrem eigenen Instrument improvisieren. Es dürfen auch die traurigen Gefühle hörbar werden. Wolfgang Amadeus Mozart hat auf diese Weise seine dunklen Gefühle in Liebe und Leichtigkeit verwandelt.

Trauer in Liebe verwandeln 35

Zeichnen Sie auf ein Blatt Papier Herzen in verschiedenen Größen. Schreiben Sie in jedes Herz, welche Traurigkeit Sie in sich spüren, was Sie betrauern möchten. Dann halten Sie Gott diese Herzen hin, damit seine Liebe die Traurigkeit verwandelt.

Buntes Schwarz 36

Nehmen Sie ein Blatt Papier und Wachsmalstifte. Füllen Sie das Blatt mit bunten Farben, in parallelen Linien oder einfach so durcheinander, wie es für Sie passt.

Dann übermalen Sie alles mit einem schwarzen Stift. Nehmen Sie nun einen Holzspieß oder einen Zahnstocher und zeichnen Sie damit das auf die schwarze Fläche, was Ihnen gerade in den Sinn kommt. Sie werden sehen, dass unter der schwarzen Fläche die bunten Farben wieder zum Vorschein kommen. Könnte das ein Bild für Ihre Depression sein?

Der Mond ist aufgegangen

[Leichtere Übung] Singen Sie mit den Teilnehmenden das Lied »Der Mond ist aufgegangen«. Es hat eine eher melancholische Melodie und auch im Text ist von »des Tages Jammer« die Rede, den wir verschlafen und vergessen sollen. Anschließend können Sie fragen:

› Wie fühlen Sie sich, wenn Sie dieses Lied singen? An was erinnert Sie das Lied? Werden Ihre traurigen Gefühle durch das Singen verwandelt?

1. *Der Mond ist aufgegangen, / die goldnen Sternlein prangen*
   am Himmel hell und klar.
   Der Wald steht schwarz und schweiget / und aus den Wiesen steiget
   der weiße Nebel wunderbar.

2. *Wie ist die Welt so stille / und in der Dämmrung Hülle*
   so traulich und so hold
   als eine stille Kammer, / wo ihr des Tages Jammer
   verschlafen und vergessen sollt.

3. *Seht ihr den Mond dort stehen? / Er ist nur halb zu sehen*
   und ist doch rund und schön.
   So sind wohl manche Sachen, / die wir getrost belachen,
   weil unsre Augen sie nicht sehn.

4. *Wir stolzen Menschenkinder / sind eitel arme Sünder*
   und wissen gar nicht viel.
   Wir spinnen Luftgespinste / und suchen viele Künste
   und kommen weiter von dem Ziel.

5. *Gott, lass dein Heil uns schauen, / auf nichts Vergänglichs trauen,*
   nicht Eitelkeit uns freun;
   lass uns einfältig werden / und vor dir hier auf Erden
   wie Kinder fromm und fröhlich sein.

6. *Wollst endlich sonder Grämen / aus dieser Welt uns nehmen*
   durch einen sanften Tod;
   und wenn du uns genommen, / lass uns in' Himmel kommen,
   du unser Herr und unser Gott.

7. *So legt euch denn, ihr Brüder, / in Gottes Namen nieder;*
   kalt ist der Abendhauch.
   Verschon uns, Gott, mit Strafen / und lass uns ruhig schlafen.
   Und unsern kranken Nachbarn auch!

Text: Matthias Claudius, um 1777

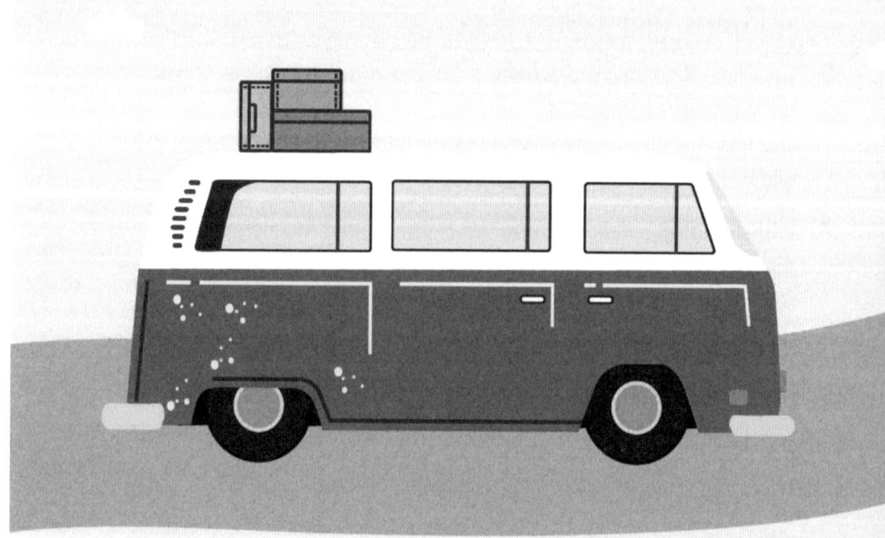

12. Spirituell mit Demenz umgehen

1. Ziel des Kapitels

Mit Blick auf die heutige Forschung soll deutlich werden, was Demenz eigentlich ist, wie man Vor- und Anzeichen der Krankheit erkennen bzw. wie man ihr vorbeugen kann. Zudem geht es um die Frage, wie die Familienangehörigen für die an Demenz Erkrankten, aber auch für sich selbst sorgen können.

2. Zum Einstieg

Können Sie zwischen Vergesslichkeit und Anzeichen von Demenz unterscheiden? Wie geht es Ihnen, wenn Sie Ihre eigene Vergesslichkeit bemerken? Haben Sie gleich Angst, dement zu werden? Haben Sie bereits Erfahrungen mit demenzkranken Angehörigen oder Freunden gemacht?

3. Fallbeispiele

Als bei dem bekannten Germanisten Walter Jens Demenz festgestellt wurde, erklärte sein Sohn die Krankheit seines Vaters so, dass diese dann ins Vergessen ging, als man entdeckte, welche Rolle er in der Nazizeit gespielt hatte. Ein paar Jahre zuvor hatte Walter Jens zusammen mit Hans Küng ein Buch geschrieben, in dem beide dafür plädierten, aus dem Leben zu scheiden, solange man noch selbst darüber bestimmen könne. Seine Frau Inge Jens meinte im Gespräch, dass er jedoch diesen Moment verpasst habe. Sie fand eine ältere Dame, die als Bäuerin gearbeitet und gelebt hatte und nun ihren Mann liebevoll pflegte. Inge Jens meinte, es hätte durchaus Phasen gegeben, in denen ihr Mann verzweifelt war und nicht mehr leben wollte, aber ebenso schöne und reiche Momente, sodass die letzten Jahre vor seinem Tod für beide wertvolle Jahre waren, die sie nicht missen wollte.

Ein japanischer Krankenpfleger hatte seine demente Frau medizinisch professionell betreut und gepflegt. Doch er war traurig und frustriert, weil er mit ihr nicht mehr so viel unternehmen und erleben konnte. Eines Tages fand er in einer Schublade zufällig das Tagebuch, das seine Frau vor ein paar Jahren geschrieben hatte. Als seine Frau die Diagnose Demenz bekommen hatte, schrieb sie in diesem Tagebuch, sie wünsche sich, dass ihr Mann sie immer als seine Frau behandeln möge und nicht als Patientin. Als der Mann das las, erkannte er, weshalb er sich oft frustriert fühlte. Das änderte alles. Nun schaute er nicht mehr darauf, was sie nicht mehr gemeinsam unternehmen konnten, sondern schätzte und genoss das, was noch möglich war, selbst wenn es sehr einfache Dinge oder Kleinigkeiten waren. So baute er eine neue Beziehung zu seiner Frau und auch zu sich selbst auf.

4. Entfaltung des Themas

Wenn manche Menschen im Alter ihre Vergesslichkeit bemerken, meinen sie, sei seien bereits dement. Doch Vergesslichkeit ist nicht dasselbe wie Demenz. Vergesslichkeit meint: Mir entfällt etwas. Aber wenn ein anderer oder ein Gegenstand oder eine bestimmte Situation mich daran erinnert, fällt es mir wieder ein. Ein Vorzeichen von Demenz ist dagegen: Ich vergesse, was ich vergessen habe. Andere Anzeichen sind, dass ich zunehmend orientierungslos und reizbar werde, Stimmungsschwankungen unterworfen bin und mein Gedächtnis immer schwächer wird. Dass ich Namen von Personen vergesse, ist noch kein Zeichen von Demenz. Manchmal fallen auch mir manche Namen einfach nicht mehr ein. Doch irgendwann später, wenn ich nicht mehr krampfhaft darüber nachdenke, tauchen sie wieder in meinem Gedächtnis auf.

Viele Menschen wollen die Vorzeichen der Demenz nicht wahrnehmen. Doch wenn man sie nicht ignoriert, kann man noch etwas dagegen tun. Der Prozess der Demenz ist unumkehrbar und auch unaufhaltsam. Normalerweise dauert er ungefähr zehn Jahre. Doch wenn man am Anfang aktiv darauf reagiert, kann man den Prozess um fünf bis sieben Jahre verlängern. Aktiv zu reagieren bedeutet einmal, Medikamente zu nehmen, körperlich aktiv zu bleiben, sich geistig zu beschäftigen, zum Beispiel mit Gedächtnistraining oder mit anderen neuen Gedanken. Auch die Umstellung der Ernährung kann hilfreich sein. Entscheidend ist, dass man noch einen Sinn in seinem Leben sieht. Menschen, denen das nicht mehr gelingt, werden leichter dement. Auch eine Altersdepression mündet oft in einer Demenz. Daher ist es wichtig, diese therapeutisch zu behandeln oder einen spirituellen Umgang damit zu finden.

Für die Angehörigen ist es nicht leicht, mit demenzkranken Familienmitgliedern umzugehen. Ein Grundsatz ist, dass sie nicht ständig die Defizite der Betroffenen vor Augen haben, sondern sich auf die Fähigkeiten konzentrieren, die sie noch haben. Dazu gehört, dass man die Betroffenen motiviert und aktiviert, das zu tun, was noch möglich ist. Man nennt das »addierendes Prinzip«. Eine andere Hilfe kann eine klare Tagesstruktur und Ordnung sein. Dann fühlt sich der Demenzkranke darin sicher.

Heute sprechen Demenzforscher davon, dass man das Gedächtnis des Verstandes unterscheiden müsse vom Gedächtnis des Leibes. Der Demenzkranke büßt zwar das Gedächtnis des Verstandes weitgehend ein, aber das Gedächtnis des Leibes ist noch aktiv. Es kann geübt werden und lebendig bleiben durch immer gleiche Bewegungen, aber auch durch Singen oder das Sprechen von Gebeten oder anderen Texten, die tief im Alltag der Betroffenen verankert sind oder waren. Wenn man zum Beispiel mit Demenzkranken bekannte Weihnachtslieder singt, stimmen sie oft ein und können sogar den Text noch auswendig.

Es gibt Demenzkranke, die trotz ihres Gedächtnisverlustes Milde und Liebe ausstrahlen. Es kommt jedoch auch vor, dass sie aggressiv werden und Verhaltensweisen zeigen, die sie sich früher nie erlaubt und auch selbst nicht gutgeheißen hätten. Es kommen häufig verdrängte Aggressionen oder verdrängte Triebimpulse zum Vorschein, die jetzt ausgelebt werden, da die Kontrolle des Verstandes und des Willens versagt. Für die Angehörigen ist es nicht immer leicht, mit solchen Verhaltensweisen umzugehen. Wichtig ist, dass sie die Aggressionen nicht persönlich nehmen, sondern als Zeichen der Krankheit betrachten.

Ein schönes Bild für die Krankheit ist: Die Seele hat sich zurückgezogen. Doch manchmal blitzt sie noch auf und der Kranke sagt Sätze, die voller Weisheit sind. Der österreichische Schriftsteller Arno Geiger erzählt in seinem Roman »Der alte König in seinem Exil« von solchen Momenten seines Vaters. Er kommentiert sie mit den Worten: »Oft ist es, als wisse er nichts und verstehe alles« (Geiger, Der alte König in seinem Exil, 186). Daher ist es wichtig, Demenzkranke nicht wie ein hilfloses Kind zu behandeln, sondern wie einen König oder eine Königin mit einer unantastbaren Würde. Die Auseinandersetzung mit Demenzkranken hilft uns oft, unser eigenes Leben besser zu verstehen und noch mehr zu unserem wahren Selbst zu gelangen. Wir können auch für uns etwas gewinnen, wenn wir uns auf sie einlassen.

Manchen Angehörigen gelingt es, ihre demenzkranken Eltern liebevoll zu pflegen. Dann erleben sowohl die Kranken als auch die Angehörigen immer wieder schöne Momente von Liebe und vom Aufblitzen einer tieferen Weisheit. Doch es ist ebenso wichtig für die Angehörigen, ihre Grenzen zu akzeptieren und zu erkennen, wann es notwendig ist, die Betroffenen in ein Pflegeheim zu geben. Manchmal genieren sich die Angehörigen wegen ihrer demenzkranken Eltern. Sie verbergen sie vor der Öffentlichkeit und isolieren sie. Doch es ist gut, sie beispielsweise noch zu Familienfeiern mitzunehmen und zu akzeptieren, dass sie sich manchmal etwas eigenartig benehmen. Es braucht dann einen liebenden Schutz, damit die Demenzkranken sich im Kreis der Familie und der Freunde wohlfühlen.

5. Übungen

Ordnungshilfe 37

Trainieren Sie Ihr Gedächtnis und Ihre Wahrnehmungsfähigkeit. Schreiben Sie jeden Tag auf, was Sie heute neu wahrgenommen haben. Notieren Sie Ihren Tagesplan mit den genauen Essenszeiten, wann Sie aufstehen und ins Bett gehen. Entwerfen Sie einen Wochenplan. Tragen Sie alle Arzttermine ein.

Die klare Struktur wird Ihnen helfen, sich weiter gut im Leben zu orientieren.

Brief in die Zukunft 38

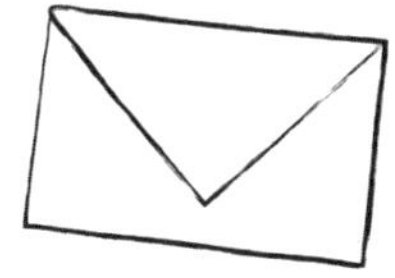

Schreiben Sie einen Brief an sich selbst, an den Menschen, der vielleicht in einigen Jahren dement sein wird.

Unterwegs entdeckt

Notieren Sie auf einem Blatt oder erzählen Sie den anderen Teilnehmenden: Was haben Sie heute auf dem Weg zum Einkaufen oder zum Nachbarn oder zum Gemeindehaus erlebt, was haben Sie Neues entdeckt, was hat Sie neugierig gemacht?

Melodien meines Lebens

[Leichtere Übung] Singen Sie alte und vertraute Lieder mit den Teilnehmenden. Wer möchte, kann überlegen und vorschlagen, welches Lied als nächstes dran ist und warum es für ihn oder sie wichtig ist. Das hält lebendig.

Tageslauf

[Leichtere Übung] Fragen Sie die Teilnehmenden: Was haben Sie heute schon erlebt? Wann sind Sie aufgestanden? Was gab es zum Frühstück? Wer hat Sie besucht, Sie angerufen, wen haben Sie im Haus getroffen? Was gab es zum Mittagessen? Indem man sich erzählt, woran man sich erinnert, bleibt man geistig wach.

Rituale für das Kirchenjahr und andere Feste

Rituale, die wir gemeinsam feiern oder alleine durchführen, sind wie ein fester Halt im Leben. Sie geben Sicherheit und erfüllen das, was Psalm 23 so ausdrückt: »Du bist bei mir. Dein Stock und dein Stab geben mir Zuversicht« (Ps 23,4). Mit Ritualen können ältere Menschen sicher und geschützt durch ihr Leben gehen. Sie geben Anteil an den Wurzeln, aus denen wir leben, an den Wurzeln unseres Glaubens. Diese Wurzeln bestehen nicht nur aus der Lebens- und Glaubenskraft unserer Vorfahren, sondern aus der aller Christen, die seit der frühen Kirche mit diesen Ritualen den Geist Jesu in ihr Leben gebracht haben, damit alles, was sie tun und denken, immer mehr vom Geist Jesu durchdrungen und verwandelt wird.

Wenn wir uns zum Beispiel in der Advents-, Fasten- oder Osterzeit treffen, können wir die Rituale gemeinsam vollziehen, die dieser Zeit entsprechen. Dann spüren die Teilnehmenden, dass die Feste des Kirchenjahres etwas Heilsames sind, in denen wir zudem das Geheimnis von Leben, Sterben und Auferstehung Jesu feiern. Aber all diese Feste sprechen auch unsere eigenen Nöte und Ängste an und bieten uns zugleich Wege der Verwandlung und Heilung an. In den Ritualen kann diese heilende Wirkung der Feste des Kirchenjahres persönlich erfahren werden.

Die Rituale, die wir hier beschreiben, sind nur Anregungen. Zudem weisen wir bewusst auf die Zusammenhänge zwischen den Ritualen und den obenstehenden Kapiteln hin, damit Sie die Themen der einzelnen Kapitel durch die beschriebenen Rituale vertiefen können. In Pflegeheimen ist es gut, neben dem gemeinsamen Feiern in den jeweiligen Festzeiten auch darüber ins Gespräch zu kommen, wie die Teilnehmenden früher Advent, Weihnachten, Fastenzeit und Ostern erlebt haben. Des Weiteren kann es helfen, Symbole dieser Festzeiten mitzubringen und die Teilnehmenden erzählen zu lassen, was sie damit verbinden.

Advent

Ein Team junger katholischer Sozialarbeiter in Taiwan (Health Promotion Administrative Center, Cardinal Tien Hospital) entwickelte Ideen, um sich gemeinsam mit den Senioren auf die wichtigsten Feste im Kirchenjahr vorzubereiten. Eine Einheit zielte dabei auf den Advent bzw. Weihnachten und startete bereits im September. In diesem Zeitraum trafen sie sich einmal in der Woche. Zu Beginn des Kurses im September bereiteten sie drei verschiedene Karten vor und teilten sie jede Woche nach der Veranstaltung aus. Auf den Karten war jeweils Platz, um etwas zu notieren, für das man dankbar ist, auf der zweiten für einen Segen und auf der dritten für einen Wunsch an sich selbst oder für andere. Vor Weihnachten brachten alle ihre Karten mit und die Mitglieder des Leitungsteams hängten diese dann an den Christbaum. Es war für die ganze Gruppe, aber auch für die Menschen in ihrem Umfeld wirklich ein Baum des Segens, denn die Wünsche und der Segen schlossen viele andere mit ein.

Ein Ritual, das viele ältere Menschen aus der Adventszeit kennen, ist der Adventskranz. Jeden Samstagabend wird eine Kerze mehr angezündet. Dieses Ritual kann man mit den Teilnehmenden bewusst gestalten. Man löscht das Licht und zündet die Kerzen an. Dabei kann man erläutern, dass das Licht Christi mehr und mehr alle Bereiche in einem selbst und im eigenen Leben erhellt und verwandelt. Und dass das Licht die Hoffnung und die Gewissheit ausdrückt, dass das Leben gelingen wird. Denn man kann den Kranz auch als einen Siegerkranz verstehen, ein Bild dafür, dass man nicht auf der Verliererseite steht, selbst wenn man krank und beeinträchtigt ist. Anschließend kann man gemeinsam alte Adventslieder singen und die Teilnehmenden fragen, wie sie früher den Advent gestaltet und gefeiert haben, welche Erinnerungen in ihnen hochkommen.

In der Weihnachtszeit sehnen sich viele ältere Menschen danach, dass für sie eine gemeinsame Weihnachtsfeier gestaltet wird. Eine Idee wäre, dass sich zunächst alle um den Christbaum setzen und einer aus dem Leitungsteam erklärt, welche Bedeutung er hat: Er erinnert an den Baum im Paradies. Wenn Gott als Mensch geboren wird, kommt ein Stück Paradies in unsere Welt, ein Garten voller Frieden und Liebe. Unsere Welt wird verwandelt, wir fühlen uns auf einmal zu Hause, weil in Jesus das göttliche Geheimnis selbst unter uns wohnt. Zu Hause sein kann man nur, wo das Geheimnis wohnt.

Anschließend wird die Weihnachtsgeschichte aus Lukas 2 vorgelesen. Die alte Geschichte berührt auch heute noch die Herzen. Dann werden einige Weihnachtslieder gesungen. Viele hören zudem gerne eine Weihnachtsgeschichte. Unter den vielen Weihnachtsgeschichten, die man im Netz und in verschiedensten Büchern findet, kann man die aussuchen, die für die Teilnehmenden am besten geeignet ist.

Man kann die Teilnehmenden auch zu einem Weihnachtsritual einladen: Bitten Sie sie, beide Hände in die Brustmitte zu legen und die Wärme zu spüren, die dabei im Herzen entsteht. Sie mögen sich dabei vorstellen, wie das göttliche Kind Jesus in ihrem Herzen ist, sie anlächelt und sie mit seiner Liebe erfüllt und wie dieses göttliche Kind in diesem Augenblick einen neuen Anfang ermöglicht. Sprechen Sie dazu: »Ich bin dankbar für meine Vergangenheit. Aber ich bin nicht festgelegt auf das, was nicht so gut gelaufen ist. Ich kann heute neu anfangen, weil Christus in mir geboren wird. Dieses Kind erfüllt mich mit einem tiefen Frieden. Ich lasse diesen Frieden vom Herzen aus in den ganzen Leib strömen. Ich stelle mir vor, dass dieser Frieden von meinem Herzen aus auch zu den Menschen strömt, mit denen ich mich verbunden fühle. Dann werde ich in der Weihnachtszeit meinen Verwandten und Freunden auf neue Weise begegnen und den inneren Frieden an sie weitergeben.«

Fastenzeit 39-46

Eine gute Idee, die Fastenzeit zu gestalten, ist, sich für jede der sieben Wochen eine Aufgabe zu stellen.

1. Woche: Die Wohnung reinigen.

2. Woche: Den Körper reinigen, zum Beispiel durch vegetarisches Essen oder indem man weniger isst. Eine andere Idee: Das Fasten für einen Tag jemandem widmen, der einem am Herzen liegt.

3. Woche: Die Sprache reinigen, indem man in dieser Woche nicht über andere redet.

4. Woche: Die Emotionen reinigen, indem man sie von Gottes Liebe durchdringen lässt.

5. Woche: Die Vergangenheit reinigen, indem man bewusst auf eine Gewohnheit verzichtet oder Dinge wegschenkt.

6. Woche: Die Beziehung reinigen, indem man Mitgefühl mit anderen zeigt.

7. Woche: Den Glauben reinigen, indem man sich intensiver auf das Gebet und die Liturgie einlässt.

Karwoche und Kreuzweg

In der Karwoche kann man eine Übung zum Kreuzweg gestalten. Bitten Sie die Teilnehmenden, sich zu fragen: Bei welcher Station fühle ich mich in meinem Schmerz am besten verstanden? Dabei, verurteilt zu werden? Oder eine Last zu tragen? Oder wenn ich immer wieder die gleichen Fehler mache? Wenn ich bloßgestellt werde? Oder auf ein Bild festgenagelt werde? Wenn man mich begräbt, mich vergisst?

Dann kann man seinen Schmerz bewusst Jesus »aufladen«, indem man ein Bild von Jesus oder ein Kreuz nimmt, auf das man seinen Schmerz, den man auf einen Zettel geschrieben hat, legt oder klebt. Dann kann man gemeinsam meditieren, dass Jesus alle Schmerzen trägt und dadurch unsere Wunden heilt.

Ein anderes Ritual: Alle schauen auf ein Kreuz. Einer aus dem Leitungsteam erklärt, dass das Kreuz ein Bild dafür ist, dass Jesus uns mit unseren Schmerzen und unserem Leid am Kreuz umarmt. Dann lädt man die Teilnehmenden ein, die Arme über der Brust zu kreuzen und sich selbst zu umarmen. Man kann dazu sprechen: »Weil ich von Christus am Kreuz umarmt bin, umarme ich in mir das Starke und das Schwache, das Gesunde und das Kranke, die Freude und das Leid, das Vertrauen und die Angst.« Dann werden alle in dieser Gebärde ruhig und genießen den Frieden, der vom Kreuz und von dieser Gebärde ausgeht.

Ostern

Eine Idee für ein gemeinsames Osterritual: Einer aus dem Leitungsteam erklärt die Osterkerze, die mit österlichen Symbolen geschmückt ist, zum Beispiel die Sonne, die das Kreuz verklärt, das Lamm, das jetzt als Sieger dasteht. Dann singen alle gemeinsam das Lied »Christ ist erstanden von der Marter alle«. Anschließend liest einer der Leitenden die Geschichte von Maria von Magdala, die dem Auferstandenen am Grab begegnet (Johannes 20,1–18), vor und erklärt, dass auch wir unsere Verstorbenen wiedersehen werden. Aber wir dürfen sie nicht festhalten. Sie sind bereits verwandelt, wie Jesus im Evangelium. Man kann die Teilnehmenden fragen: Auf wen freuen Sie sich, ihn oder sie nach Ihrem Tod wiederzusehen? Lassen Sie die Teilnehmenden erzählen und schließen Sie mit einem anderen Osterlied das Ritual.

Je nach Auffassungskraft der Teilnehmenden kann man auch zunächst erklären, dass Auferstehung nicht nur nach dem Tod geschieht, sondern bereits jetzt. Jetzt will neues Leben in uns und in der Welt aufblühen. Dann können Sie die Teilnehmenden einladen, auf Zettel zu schreiben, was in ihnen und in der Welt aufblühen soll. Sammeln Sie die Zettel ein und hängen Sie sie an einen Frühlingsstrauß. So ist ein Ostersymbol die ganze Osterzeit sichtbar und erfahrbar.

Ein anderes Ritual: Bringen Sie ein großes Osterei mit und fragen Sie die Teilnehmenden, was sie mit dem Osterei verbinden, welche Erinnerungen in ihnen auftauchen. Sie können die Gedanken der Teilnehmenden ergänzen, indem Sie sagen, dass das Ei ein Bild ist für Christus, der aus dem Grab auferstand, wie ein Küken aus dem Ei schlüpft, und neues Leben für uns bedeutet. Wenn es passend ist, kann man auch für jeden ein Osterei mitbringen. Nachdem man miteinander darüber gesprochen hat, kann man es ganz langsam und bewusst miteinander essen und sich dabei vorstellen: Ich esse mit diesem Ei Gottes österliche Gabe, dass in mir jetzt ein Leben ist, das nicht mehr zerstört werden kann.

Noch eine weitere Idee: Bemalen Sie in der Gruppe Ostereier oder bitten Sie die Teilnehmer, einen Osterwunsch daraufzuschreiben. Hängen Sie die Eier an einen Osterbaum oder einen Strauß aus Zweigen oder an ein Kreuz, das durch die Auferstehung zum Siegeszeichen geworden ist, dass alles in uns verwandelt werden kann.

Mariä Himmelfahrt

Binden Sie Kräuterbüschel und erklären Sie in der Gruppe, was das Fest Mariä Himmelfahrt bedeutet: dass wir alle wie Maria mit Leib und Seele in den Himmel aufgenommen werden. Natürlich wird dieser Leib verwesen. Aber unser Leib steht für unsere einmalige Person. Und die wird in Gott vollendet. Das Fest steckt voller Optimismus. Es bringt einerseits zum Ausdruck, dass Gott uns und die Schöpfung schön gemacht hat, dass wir in der Schönheit etwas von Gottes Schönheit schauen, und zum anderen, dass Gott heilende Kräfte in die Natur gegeben hat.

Lassen Sie die Teilnehmenden erzählen, was sie mit diesem Fest verbinden. Singen Sie anschließend gemeinsam Marienlieder, zum Beispiel »Sagt an, wer ist doch diese, die auf am Himmel geht?« Oder: »Meerstern ich dich grüße« oder: »Maria breit den Mantel aus«. Vielleicht fallen den Teilnehmenden noch andere Marienlieder ein, die sie gerne singen wollen.

Erntedank 47

Am Erntedankfest können Sie einen Korb mit in die Gruppe bringen und etwas über den Sinn des Festes erklären, zum Beispiel, dass wir Gott nicht nur für die Gaben der Natur, sondern für vieles in unserem Leben danken sollen und dass die Dankbarkeit uns mit guten

Gefühlen erfüllt. Dann laden Sie die Teilnehmenden ein, zu erzählen, welche Früchte ihrer Ansicht nach in diesen Korb gehören. Fragen Sie sie: Wofür möchte ich danken? Was hat Gott mir in meinem Leben schon geschenkt? Wenn ich an die Natur denke, wofür möchte ich Gott danken? Oder möchte ich für die täglichen Mahlzeiten danken? Wenn Sie es für angebracht halten, können Sie die Teilnehmenden auch einladen, auf Zettel aufzuschreiben, wofür sie danken wollen. Dann bitten Sie sie, die Zettel in den Korb zu legen. Wenn alle damit einverstanden sind, können Sie die Zettel zum Ende des Rituals vorlesen.

Geburtstag

Wenn einer aus der Gruppe Geburtstag hat, kann ich die übrigen bitten, ihm einmal zu sagen: Was habe ich von dir gelernt? Oder: Was schätze ich an dir?

Eine andere Idee: Das Geburtstagskind sitzt in der Mitte und hält die Hände in Form einer Schale vor sich. Jede und jeder aus der Gruppe kommt zu ihm, zeichnet ein Kreuz in seine Hände und sagt dazu einen Wunsch oder ein Segenswort.

Anschließend oder stattdessen kann man mit der Gruppe ein Segenslied singen, zum Beispiel »Du bist gesegnet, ein Segen bist du«. Während alle singen, legt jeder der Reihe nach dem Geburtstagskind schweigend die Hände auf den Kopf und lässt Gottes Segen und seine eigenen guten Wünsche auf es einströmen.

Gedächtnis für einen Verstorbenen

Entweder kurz nach dem Tod oder am Jahrestag des Todes erzählt jeder aus der Runde, was der/die Verstorbene aus seiner Sicht mit seinem/ihrem Leben und Sterben vermitteln wollte und welche Botschaft der/die Verstorbene heute an ihn hat.

Eine andere Idee: Jeder aus der Gruppe zündet ein Teelicht an, stellt es entweder auf den Boden oder auf einen Tisch und sagt dazu einen Segenswunsch für den Verstorbenen oder welches Licht heute vom Verstorbenen für ihn ausgeht. Das kann man in einem Wunsch ausdrücken: »Ich bitte Gott, dass die Liebe (die Freundlichkeit, die Milde, der Humor) von ... heute für uns brennen und leuchten möge.« Oder man kann sagen: »Die Weisheit (die Fröhlichkeit, der Optimismus, die Kraft, die Hoffnung) von ... möge jetzt für uns da sein.« Dann sitzen alle schweigend um die brennenden Kerzen und spüren, dass der Verstorbene mit all dem, was genannt wurde, da ist und Licht und Wärme ins Leben aller bringt.

Ein anderes Ritual zielt auf die vier Aspekte des Abschieds. Dann sagt jeder im Kreis im Blick auf den Verstorbenen:

1. Wofür ich dir danken möchte,

2. Was ich an dir geliebt habe,

3. Was ich dir zum Abschied sagen möchte,

4. Wofür ich mich bei dir entschuldigen möchte.

Auch eine Fantasieübung kann ein schönes Ritual zu dieser Gelegenheit sein. Einer aus dem Leitungsteam führt ein: »Ich stelle mir vor, ich gehe meinen Lieblingsweg. Ich spüre den Wind, die Sonne, schaue in die schöne Landschaft, höre auf das Rauschen des Windes, das Singen der Vögel. Dann kommt mir der/die Verstorbene entgegen in einem hellen Gewand. Ich sehe sein/ihr wohlwollendes und fröhliches Gesicht. Dann kommt er/sie mir näher. Ich verneige mich vor ihm/ihr. Dann gibt er oder sie mir nacheinander drei Geschenke. Das Geschenk kann ein Symbol sein, ein Wort, ein Wunsch. Ich lasse mir Zeit, bis mir das Geschenk überreicht wird. Ich nehme es an und überlege, was es für mich bedeutet. Nach dem dritten Geschenk verabschieden wir uns voneinander. Ich gehe jetzt mit meinen drei Geschenken weiter. Ich spüre in mich hinein: Wie gehe ich mit diesen meinen Weg? Gehe ich mit mehr Vertrauen, mit mehr Hoffnung meinen Weg? Die Geschenke sind nie nur Äußerlichkeiten. Sie bringen mich in Berührung mit Fähigkeiten, die in meiner Seele sind, die ich aber oft vergessen oder vernachlässigt habe.«

Zum Schluss

Neben den Übungen zu den zwölf Kapiteln dieses Buches haben wir zu den Festzeiten des Kirchenjahres Rituale beschrieben, die man in Seniorengruppen in der Pfarrei oder in Senioren- und Pflegeheimen miteinander feiern kann. Dabei braucht es ein Gespür dafür, was möglich ist und was nicht. Jeder, der eine Gruppe leitet, sollte die Rituale nur als Anregungen verstehen, die er dann nach seinem eigenen Empfinden gestalten kann. Es ist uns jedoch ein Anliegen, dass gerade die christlichen Feste, die für alte Menschen wichtig sind und an die sie gute Erinnerungen haben, heute wieder neu ins Bewusstsein treten. Viele ältere Menschen sind dankbar, wenn sie die Feste, die sie noch aus ihrer Kindheit kennen, wieder auf jetzt angemessene Weise feiern, denn sie spüren dabei ihre eigenen Wurzeln. Mit den Wurzeln in Berührung zu kommen, stärkt – gerade im Alter.

Das Ziel dieses Buches ist es, dass alte Menschen ihr Altwerden bewusst wahrnehmen und es vor allem selbstbestimmt so gestalten, wie es für sie stimmt. Sie sollen sich nicht als Objekte von Fortbildungsmaßnahmen fühlen oder als »Schüler«, denen man etwas beibringen möchte. Vielmehr geht es darum, dass sie sich miteinander in aller Freiheit austauschen, wie sie ihr Altwerden erleben, welche Erfahrungen sie damit machen und was ihnen dabei hilft. Alte Menschen wissen oft selbst besser als wir Seelsorger oder Verwandte, was ihnen guttut. Die Aufgabe der Leiter und Leiterinnen von Seniorengruppen ist es, die Teilnehmenden zu ermutigen, ihre eigenen Erfahrungen miteinander zu teilen und sich so gegenseitig zu unterstützen auf ihrem Weg.

Das Buch soll jedoch auch den einzelnen alten Menschen auf seinem Weg des Altwerdens unterstützen, ihm Anregungen geben, über seine Situation nachzudenken und für sich Wege zu finden, die ihm guttun. Die Fragen, die in allen Kapiteln gestellt werden, fordern den Leser und die Leserin heraus, sich selbst Rechenschaft zu geben, wie ihm oder ihr das Altwerden gelingt und was er oder sie dabei noch beachten und lernen könnte.

So wünschen wir Ihnen, liebe Leserinnen und Leser, liebe Senioren, dass Sie selbstbestimmt und selbstbewusst Ihr Altwerden gestalten, dass Sie sich der Würde und des Wertes des Alters bewusst werden und dass Sie sich gerne und voller Neugier auf den Weg wagen. Zudem wünschen wir Ihnen, dass Sie die Spiritualität als heilsame Quelle für Ihr Altwerden neu entdecken. Dann werden Sie zum Segen werden für viele Menschen, aber auch für unsere Gesellschaft als Ganze.

Anselm Grün, Hsin-Ju Wu

Literaturverzeichnis

Anselm Grün, Die hohe Kunst des Älterwerdens, Münsterschwarzach, 3. Auflage der Neuausgabe 2021.

Anselm Grün, Wege der Verwandlung. Emotionen als Kraftquelle entdecken und seelische verletzungen heilen, Freiburg 2016.

Anselm Grün, Du kannst vertrauen. Worte der Zuversicht in Zeiten der Krankheit, Münsterschwarzach 2017.

Anselm Grün, Du bist ein Segen, Münsterschwarzach, 1. Auflage der Neuausgabe 2021.

Anselm Grün, Wege durch die Depression. Spirituelle Impulse, Freiburg 2013.

Anselm Grün, Zuhause mit Gott. Dem Glauben einen eigenen Ausdruck geben, Münsterschwarzach 2021.

Romano Guardini, Die Lebensalter, Mainz 1986.

Carl Gustav Jung, Briefe III, Olten 1973.

Fidelis Ruppert, Älter werden – weiterwachsen, Münsterschwarzach, 3. Auflage 2021.

Bibliografische Information der Deutschen Nationalbibliothek
Die Deutsche Nationalbibliothek verzeichnet diese Publikation in der Deutschen Nationalbibliografie. Detaillierte bibliografische Daten sind im Internet über http://dnb.d-nb.de abrufbar.

in Deutschland produziert

2. Auflage 2022

Lektorat: Marlene Fritsch
Umschlaggestaltung: wunderlichundweigand
Umschlagmotiv © Delices_89/iStock.com
Druck und Bindung: Pustet, Regensburg

ISBN 978-3-7365-0456-1
www.vier-tuerme-verlag.de